AF542382

HUENUN ÑAMKU

Un mapuche de los Andes
recuerda el pasado

EDICIONES UNIVERSIDAD CATÓLICA DE CHILE
Vicerrectoría de Comunicaciones
Av. Libertador Bernardo O'Higgins 390, Santiago, Chile

editorialedicionesuc@uc.cl
www.ediciones.uc.cl

HUENUN ÑAMKU
Un mapuche de los Andes recuerda el pasado

M. Inez Hilger
Con la asistencia de Margaret A. Mondloch
Prólogo original de Margaret Mead
Traducción al castellano de Pilar Valenzuela
Edición al cuidado de Valentina Jensen Escudero
Prólogo a la edición en castellano de Eduardo Valenzuela

Enero 2021
ISBN 978-956-14-2754-9
ISBN digital 978-956-14-2755-6

Diseño: versión productora gráfica SpA
Impresor: Salesianos Impresores S.A.

CIP – Pontificia Universidad Católica de Chile

Hilger, M. Inez (Mary Inez), 1891-1977, autor.
Huenun Ñamku : un mapuche de los Andes recuerda el pasado / por M. Inez Hilger ; con la asistencia de Margaret A. Mondloch ; prólogo original de Margaret Mead ; traducción al castellano de Pilar Valenzuela ; edición al cuidado de Valentina Jensen Escudero ; prólogo a la edición en castellano de Eduardo Valenzuela.

1. Ñamku, Huenun.
2. Mapuches – Vida social y costumbres.
3. Indios de América del Sur – Vida social y costumbres.
I. t.
II. Jensen Escudero, Valentina, editor.
III. Huenun Ñamku : an Araucanian indian of the Andes remembers the past. Español.

2021 983.00498 + DDC23 RDA

HUENUN ÑAMKU
Un mapuche de los Andes recuerda el pasado

M. Inez Hilger
Con la colaboración de Margaret Mondloch

Contenidos

Imágenes

Fotografías

Dibujos

Mapa

Prólogo a la edición en castellano

Huenun Ñamku es un libro escrito por la hermana Inez (Eleanor) Hilger (1891-1977), religiosa norteamericana del monasterio benedictino de Saint Joseph, Minnesota y antropóloga graduada de la American Catholic University, donde trabó amistad personal con Margaret Mead —quien prologa este libro en su versión original— y que la habría orientado hacia los estudios etnográficos de la niñez donde hizo lo principal de sus contribuciones. Antes de llegar a Chile, Hilger había realizado estudios exhaustivos de los métodos de crianza de los indios Chippewa de Minnesota[1] y Arapaho en los años treinta y se propuso hacer lo mismo con los mapuche de Chile y de Argentina, con una primera visita de dos años en 1946 en el lado chileno, y una estadía adicional a comienzos de los cincuenta en el lado argentino principalmente. Hilger realizó la entrevista a Huenun en la misión capuchina de Panguipulli durante su primera estadía. Su libro sobre la infancia mapuche en los dos lados de los Andes fue editado por el Smithsonian Institute en 1957 bajo el título *Araucanian Child Life and its Cultural Background* (reeditado en castellano para la parte chilena como *Infancia. Vida y Cultura* mapuche, Pehuén, 2015). El libro sobre Huenun Ñamku, por su parte, fue publicado como *Huenun Ñamku. An Araucarian Indian of the Andes Rememberers the Past* por University of Oklahoma Press recién en 1966 y ha permanecido

[1] La atención sobre los chippewa data de su disertación doctoral publicada en 1939 como *A Social Survey of One Hundred Fifty Chippewa Indian Families on the White Earth Reservation of Minnesota*,Catholic University Press, Washington, D.C. Sus libros prinicipales, aparte del que dedica a los mapuche, son *Chippewa Child Life and its Cultural Background*. 1951. *Bureau of American Ethnology Bulletin*, 146: 204 y *Arapaho Child Life and its Cultural Background*, 1952, *Bureau of American Ethnology Bulletin*, 148: 253.

hasta hoy solo en su versión original en inglés. Las etnografías de Hilger fueron apenas conocidas en el ambiente académico de la época, aunque extractos de aquellas investigaciones fueron publicadas en aquel entonces en Chile[2] y Alfred Metraux —el conocido antropólogo de las religiones sudamericanas—cita a Hilger en su estudio de aquellos años sobre el chamanismo araucano.[3] El rastro de Hilger se pierde desde entonces hasta las recientes traducciones de sus obras al castellano.

Huenun Ñanku es una entrevista de tres semanas que Hilger hizo acompañada de su sobrina Margaret Mondloch (1920-2012) que tomaba notas a mano, y con la asistencia de la religiosa capuchina Francisca Fraundorfner que traducía las palabras y referencias intercaladas en mapudungun que Huenun hacía en el marco de una entrevista que se realizó en castellano. Se hizo probablemente en el verano de 1946 puesto que "varias hermanas —religiosas capuchinas alemanas— aún no sabían nada de sus familias en Europa, a pesar de que la Segunda Guerra Mundial había terminado meses atrás". Hilger no tuvo un propósito misional sino solamente etnográfico. Había hecho estudios sobre infancia mapuche en la costa "donde solo se podía entrar a caballo" y se dirigía hacia Coñaripe, siempre en la búsqueda de comunidades aisladas y de los mejores informantes de costumbres antiguas. Se detuvo en la misión capuchina de Panguipulli donde le hablaron de Huenun, a la sazón de unos ochenta años, a quien encontró como ella misma dice: "altamente inteligente, de integridad incuestionable, diligente, orgulloso, independiente, cortés, simpático y afectuoso". Sobre Huenun no tenemos otras indicaciones que las que se ofrecen de sí mismo en el libro. Era alguien conocido y apreciado en la misión de Panguipulli en cuyo colegio había educado a sus hijas después de obtener su educación cristiana de parte del padre Sigisfredo (Sigisfredo de Frauenhäusl, 1868-1954, cabeza de la misión capuchina de Panguipulli durante toda la primera mitad del siglo) a quien recuerda con especial afecto. Muchos de sus hijos habían muerto prematuramente o habían partido, pero conservaba a su esposa

[2] En particular, "Una araucana de los Andes" (Notas del Centro de Estudios Antropológicos de la Universidad de Chile. N.° 4, 1960. Cuadernillo de 17 páginas) y "The Araucanian Weaver" (Artículo en el Boletín del Museo Nacional de Historia Natural. Textos sobre patrimonio natural de Chile. Tomo 30. 1968-1969. pp. 291-297).

[3] Alfred Metraux (1902-1963). "Le chamanisme araucan" en *Religions et Magies Indiens d'Amerique du Sud*, Éditions Gallimard, 1967.

María y su hija Teresa a quienes Inez intentó en vano entrevistar de manera independiente (interesada como estaba en los métodos de crianza y en la vida doméstica). Pero en esto Huenun era intransigente y seguía la regla tradicional: estando un hombre presente, la mujer no debía hablar. No detentaba ninguna autoridad en su comunidad. Huenun reconoce que los jóvenes eran reticentes a que hablara de costumbres antiguas que los pondrían en ridículo, pero Huenun quiere contar la verdad sobre los antiguos mapuche y mostrar sobre todo la inteligencia con que se hacían las cosas. El cambio tecnológico de la agricultura (el trigo se corta ahora con segadora, no con hoz y caballos), que en buena medida introducían los propios misioneros alemanes, pero también los terratenientes donde se empleaban crecientemente los jóvenes colocaban a los mapuche antiguos como Huenun en una posición muy desmedrada. El detalle y la exactitud con que Huenun describe la forma como se construye una casa, o como se caza y se pesca con métodos antiguos, e incluso cómo se cocinan determinados alimentos es testimonio de este esfuerzo por realzar la inteligencia y la habilidad con que se hacían los trabajos antes que se conociera en el campo la tracción mecánica y la electricidad. Con respecto a las creencias, desea contar la verdad, sobre todo desmentir las noticias sobre conductas infamantes que se esparcían en los campos. Huenum, por ejemplo, se indigna frente a los reproches de incesto y explica claramente la regla que permite el matrimonio entre primos cruzados, pero que lo prohíbe entre primos paralelos, como sucede por doquier en las sociedades segmentarias.

Huenun es un libro que apenas va a la zaga del que publicara el padre capuchino Ernesto Wilhelm de Moesbach con el testimonio del *lonko* Pascual Coña recogido en la zona del Budi unos veinte años antes, al finalizar la década del treinta.[4] Algunas observaciones de Huenun respecto de costumbres antiguas, pueden tener un gran valor antropológico y deben dejarse al mejor saber de los especialistas, aunque se pueden dar algunos ejemplos. La descripción de cómo se construye una ruca de paja ratonera a la usanza antigua incluye una observación sobre la presencia

[4] Ernesto Wilhelm (1882, Moesbach- 1963 Panguipulli). *Vida y costumbres de los indígenas araucanos en la segunda mitad del siglo XIX*. Texto dictado por el propio Pacual Coña (c.1850-1927, lago Budi) en idioma mapuche al padre Wilhelm en los últimos años de su vida. Reeditado en versión bilingüe como *Lonco Pascual Coña. Testimonio de un cacique mapuche*. Pehuén, 1984.

de dos *kafu* que se encargan cada uno de una mitad de la casa y que luego rivalizan entre sí, lo que muestra algo nuevo sobre la dinámica de la cooperación social entre los mapuche. Huenun todavía es capaz de distinguir entre Ngünechen y Nünemapun (y recuerda que sus tíos y abuelos le recomendaban rezarle a este más que al otro), y agrega la posibilidad de pensar a Chau como mujer, como *wenümapu ñuke,* que Huenun traduce como "nuestra madre" (aunque literalmente debe decir "señora del cosmos") a pesar de que sabe que se trata de la esposa de Chau. Esta representación contiene restos del principio cuatripartito de la deidad mapuche que comprende a la mujer vieja (*ñuke papai)* junto con el hombre viejo, la mujer joven y el hombre joven, en el marco de una religión cosmológica que ha sido antropologizada por los misioneros. La versión de Huenun sobre el *nguillatun* conserva, sin embargo, la reminiscencia del rito cosmológico que la versión moderna de rogativa agraria ha ocultado. En el *nguillatun* de Huenun reaparece la forma cuatripartita del panteón mapuche puesto que las personas que ofician son dos *ngenpin*, jóvenes ayudantes del *lonko,* dos mujeres mayores, muy respetadas, a quienes llaman *pillañ kuche*, y dos niñas jóvenes. En el *nguillatun* se narran o cantan los mitos de origen, y se enseña a los niños sobre los orígenes del pueblo; también se sacrifican gallinas amarillas e incluso animales mayores, aunque Huenun reconoce algo avergonzado que solo al otro lado de la cordillera se imitan animales en el baile. También admite que el *konchotun* (descrito ampliamente por Coña también) o el ritual de las paces entre familias que se verifica al final de la fiesta grande, tiende a desaparecer, para convertir al *nguillatun* en un rito meramente agrícola que se realiza en la víspera de la cosecha para tener abundancia, cuando seguramente fue el rito cosmológico fundamental destinado a expulsar la violencia interior del grupo y realzar su unidad originaria. La cosmología religiosa y el rito sacrificial han sido enteramente desestabilizados por la referencia a un Dios creador único (Chau Ngünechen) que ofrece tiempos propicios, pero Huenun alcanza a recordar más todavía que lo aparecido en Coña y en relatos semejantes.

Huenun habla sobre el arte de curar con hierbas y describe la técnica del *machitun* como han hecho otros antes. Distingue claramente al *machi* que sana y al *kalku* que enferma y rechaza completamente la brujería, otro de los malentendidos que pretende disipar, pero manifiesta creer en los *anchimallen* que hacen daño e indica claramente que el origen de la enfermedad deben ser tales espíritus o seres parecidos. En el *machitun* ha desaparecido por completo la referencia al mito originario por medio del cual se explica la perturbación del enfermo y la *machi* pronuncia oraciones y sentencias ininteligibles para los oyentes y como en Coña, sana por invocación al padre Chau. Huenun admite que la *machi* no extrae nada que provenga del cuerpo y que aquello que muestra como origen de la enfermedad (una pluma, una piedrecilla, quizás un sapo o una pequeña lagartija) puede que no sea más que algo que trae consigo, pero no le da ninguna importancia al engaño, tal como indica Levi-Strauss en su célebre artículo sobre la cura chamánica. Alguna vez dice que fue invitado a un *machitun* para gritar, para ahuyentar a los espíritus que en su relato sale arrancando bajo la forma de un gallo negro, e indica que él mismo fue curado de joven por una *machi* en cuyo poder cree firmemente. Huenun conserva intacta su creencia en el arte chamánico que en otras partes los misioneros reemplazaron por las devociones de santuarios prácticamente inexistentes en territorio mapuche.

Huenun es un testimonio fascinante de un mundo que ha permanecido en pie contra todo pronóstico. En este testimonio aparece intacto el *koyagtun*, la fina cortesía del saludo mapuche, el orgullo implacable de un anciano que conduce permanentemente el relato y se niega a contestar lo que le parece poco importante y la confianza en los recursos de su propia cultura. El relato muestra un mundo que está cambiando aceleradamente y que en cierto sentido se desmorona. Huenun es capaz de identificar las semillas antiguas que han desaparecido, cómo se conseguía miel de avispas antes que llegaran las abejas y cómo se hacían tazas y cucharas del cuerno del buey. En el ocaso de su vida tiene premoniciones acerca de insectos que arruinan los sembrados y tiempos de climas adversos y de escasez. Debemos hacer un *nguillatun* dice, porque "a pesar de que ahora soy cristiano, aún tengo mucha fe en nuestra propia religión".

EDUARDO VALENZUELA
Centro de Estudios Interculturales e Indígenas (CIIR)
Pontificia Universidad Católica de Chile

Prólogo

Por Margaret Mead

El etnólogo ve a través de los ojos de otros y escucha de sus oídos. Para la recreación de un mundo, el etnólogo debe depender de aquellos que anhelan y puedan hablar vivamente y con precisión, especialmente cuando la vida de un pueblo está cambiando y las viejas costumbres están desapareciendo. Cada etnografía acabada es construida sobre esas conversaciones, como lo son las consignadas aquí. Pero, solo rara vez, al lector se le da más que una mirada rápida del proceso. Generalmente, el registro del intercambio cercano, personal y algunas veces frágil entre el etnólogo y el informante permanece oculto en viejos cuadernos de anotaciones, y solo el etnólogo mantiene esa memoria vívida del estilo personal del informante. Sin embargo, aquí, detrás de descripciones impersonales sobre cómo los peces son capturados o los enfermos son curados, subyace todo eso.

La hermana Inez se preocupó tanto por presentar la declaración de Huenun Ñamku tal como él la dio, dividida como él la quiso dividir entre los momentos elegidos por él para presentarse, que nos deja también un informe sobre cómo ella misma trabaja —ponderando poco a poco las ideas de su informante, reservando su orgullo, hermanando su ritmo al de él, reprimiendo su curiosidad científica y excediendo su tiempo. Cuando el orgulloso Huenun se enoja al ser cuestionado por segunda vez acerca de algo, ella puede asegurarle a Margaret Mondloch, su sobrina asistente, que ellas serán capaces de hablar con otras personas más adelante. El ritmo de Huenun es un reflejo tan valioso de su cultura como lo son los detalles que él da sobre la vida mapuche.

Sabiamente, como solo el etnólogo más experimentado puede, la hermana Inez también bosqueja el ambiente en el cual, día a día, ella trabajó con Huenun. Las montañas altas, la sala de clases, la presencia de Francisca Fraundorfner, su intérprete que conocía bien a Huenun y había enseñado a sus hijos, y el caballo de Huenun relinchando afuera —todo esto es parte de una estructura de vida que lentamente se expande hasta que, en el último de sus encuentros, tras cruzar los campos, pasando por sobre y debajo de cercos, llegan al hogar y la familia de Huenun—.

Este es un registro invaluable, uno que permanecerá cuando desaparezca el último indio que conoció las maneras antiguas, y los hijos de nuestros hijos se pregunten cómo los etnólogos del siglo XX alguna vez descubrieron tanto.

Museo Americano de Historia Natural
Ciudad de Nueva York
10 de marzo, 1966

Agradecimientos

Agradezco a E. Adamson Hoebel, Margaret Mead, Rhoda Metraux W. F. y Ruth Albright por leer el manuscrito de este libro, por sugerencias útiles y por incentivarme a publicarlo.

Estoy también en deuda con mi asistente de campo, Margaret Mondloch, con nuestra intérprete, Francisca Fraundorfner, y las hermanas de la Estación de Misiones en Panguipulli por su afectuosa hospitalidad.

A Huenun Ñamku, el informante cuyas conversaciones he registrado en este trabajo, le debo más que a todos.

Debo agradecimientos especiales a la Fundación Wenner-Gren para Investigación Antropológica por una donación orientada a la publicación de este libro.

Por ayuda financiera para realizar el estudio sobre los mapuche debo agradecer a la Fundación Wenner-Gren, la Sociedad Filosófica Americana (Fondos Penrose, Donaciones n. 805 y n. 1341), y a mi hermano, el difunto W.P. Hilger. Estoy especialmente agradecida de I.A. O'Shaughnessy de St. Paul, Minnesota, por una donación que ayudó a la publicación del estudio sobre mapuche *Araucanian child life and its cultural background* en Smithsonian Miscellaneous Collections, vol. 133.

M. Inez Hilger
St. Joseph, Minessota
5 de marzo, 1966

Introducción

Este libro no es una biografía. No es un estudio en metodología etnográfica, aunque investigadores principiantes en etnografía pudiesen encontrar orientaciones útiles en él.

Es un registro de costumbres mapuche como fueran relatadas por Huenun Ñamku, un viejo hombre mapuche en Chile. Conocimos a Huenun mientras estábamos haciendo un estudio etnográfico sobre la vida infantil de su pueblo. Él vivía en uno de los valles bajos de los Andes cerca de Panguipulli, una aldea predominantemente chilena en el lago Panguipulli.

Durante nuestro estudio etnográfico, de los cincuenta y tres entrevistados en sus hogares principalmente, Huenun Ñamku fue un informante voluntario. Él, como muchos otros, era una persona interesada: quería un estudio verídico de su pueblo. Encontramos que él era un hombre que ejemplificaba los ideales de los mapuche; altamente inteligente, de integridad incuestionable, diligente, orgulloso, independiente, cortés, simpático y afectuoso.

Mi asistente de campo, Margaret Mondloch, y yo veníamos de la zona costera chilena donde habíamos ocupado nuestro tiempo asignado entrevistando y observando. Ahora estábamos camino a Coñaripe, un valle en lo alto de los Andes, donde se nos había dicho que vivía uno de los grupos de mapuche menos aculturados. El camino a Coñaripe fue un viaje de ida y vuelta por los lagos Calafquén y Panguipulli, en uno de los barcos de transporte de madera que baja a Panguipulli desde campamentos madereros de los Andes. La navegación de regreso de estos barcos era de lo más impredecible. Esperamos en Panguipulli por tres semanas antes de que tuviésemos la oportunidad de viajar en uno de ellos.

Fue durante estas tres semanas que Huenun Ñamku nos visitó en la Escuela Misional en Panguipulli para contarnos de las costumbres de su pueblo. Una de las profesoras de la Escuela Misional, Francisca Fraundorfner (nacida en Alemania), no fue solo nuestra anfitriona durante nuestra estadía, sino también nuestra intérprete. Huenun hablaba castellano mezclado con mapuche, un idioma comprendido muy bien por Francisca. Ella había enseñado a niños mapuche por muchos años, entre ellos a los hijos de Huenun.

Como un estudio etnográfico, este informe es algo inusual porque Huenun fue un informante voluntario. Comúnmente, la información etnográfica se obtiene por medio de entrevistas, participación personal y observaciones que se hacen mientras se está viviendo con un pueblo. La conversación con Huenun consignada en este libro no se encuentra en el informe más largo y completo sobre nuestro trabajo de campo.[5]

Nuestro método de investigación etnográfico es descrito en la introducción de mi *Guía de campo para el estudio etnológico de la vida infantil.*[6] También se encuentra una descripción detallada de este en mi ensayo titulado "Un método de campo etnográfico" en *Método y Perspectiva en Antropología.*[7]

Los mapuche son descendientes de un pueblo aborigen no conquistado. Ellos se opusieron a cada invasión de los incas (probablemente 1448-82) y resistieron exitosamente por siglos los intentos de conquista de los españoles y más tarde de los chilenos (1536-1883).

Hoy, los mapuche en Chile viven principalmente en la zona costera y en los valles más elevados de los Andes, en las provincias de Cautín y Valdivia. La región se extiende entre los treinta y seis y cuarenta y dos grados latitud sur —el mayor número de familias vive entre los treinta y nueve y cuarenta grados. Este territorio se extiende desde Temuco al norte hasta Osorno por el sur; desde el océano Pacífico al oeste hasta la cuenca hidrográfica de los Andes por el este. Es una porción del hábitat precolombino de sus ancestros.

---

[5] Ese último trabajo fue publicado como "Araucanian child life and its cultural background" en *Smithsonian Miscellaneous Collections*, vol. 133 (Washington, D.C., 1957).

[6] Publicado por Human Relations Area Files Press, New Haven, 1960.

[7] Editado por Robert Spencer y publicado por University of Minnesota Press, Minneapolis, 1954.

El área ocupada por los mapuche en Argentina hoy no está bien definida. Los mapuche argentinos fueron perseguidos de una localidad a otra por los militares, como lo fueron los indios norteamericanos, y fueron finalmente subyugados por acción del gobierno. Hoy son un pueblo conquistado y dominado. Han perdido valores característicos de los mapuche chilenos y son mucho más aculturados que ellos.

En los primeros años, había bastante comunicación entre los mapuche de ambos lados de la cordillera. Hoy en día se pueden recorrer las huellas utilizadas en ese entonces. Hoy esos senderos sirven también como caminos de herradura; uno de ellos tenía casi un metro de profundidad. Caminos más anchos han servido, por años, para el paso del ganado y aún cumplen esa función. En verano, estos también son usados para el transporte de buses y automóviles. Tres de estos caminos son el Paso Tromen entre Pucón, Chile, y Junín de los Andes, en Argentina. Otro entre El Arco, Chile, y Zapata, Argentina, y un tercero es El Paso de Vuriloche entre el sur de Chile y Bariloche, Argentina. Estos pasos están a menos de 1.500[8] metros sobre el nivel del mar; la cordillera de los Andes en esta región alcanza una altura por sobre los 6.700 metros.

El territorio mapuche es verde; su clima es temperado por la corriente de Humboldt. La belleza de sus montañas, lagos y cordillera de los Andes, con volcanes tanto activos como dormidos, deja corta cualquier descripción. La altura del volcán Villarrica alcanza los 2.840 metros; Choshuenco y Quetropillán 2.360 metros cada uno; Lanín justo más allá de la vertiente, en el lado argentino, 3.740 metros. El invierno (entre marzo y octubre) es una estación lluviosa. Valdivia, una ciudad costera en el área, registra una cantidad de lluvia caída de 100 a 107 milímetros de agua.

Con toda probabilidad, los primeros contactos de los mapuche con los europeos ocurrieron alrededor de mediados del siglo XVI. Fue en esos tiempos que las fuerzas españolas, guiadas por Diego de Almagro, entraron al territorio chileno. Las fuerzas de Almagro fueron seguidas por otras bajo el mando de Pedro de Valdivia, el conquistador de Chile. Valdivia estableció fuertes y ciudades dentro del territorio mapuche. Los mapuche se volvieron aprensivos y en breve hostiles. No era un pueblo

[8] N. de T.: La autora utiliza el sistema métrico anglosajón, para facilitar la asimilación de las referencias se ha optado por transformar las medidas al sistema decimal.

conocido por su agresividad, pero se convirtieron en guerreros feroces. A sus mazos y puntas de mazos, arpones y lanzas hechas crudamente, les añadieron el caballo y la caballería organizada. Las lanzas eran simplemente cepos de bambú nativo cubiertos con flechas, pero eran armas efectivas. Alonso de Ercilla y Zúñiga, en su poema histórico *La Araucana* (1569), elogia la valentía del poderoso jefe de guerra mapuche, Caupolicán, y el heroísmo del joven Lautaro. Los españoles tenían una gran admiración por los guerreros mapuche. En 1553, las fuerzas de Valdivia fueron aniquiladas y él mismo fue asesinado.

Durante los siglos siguientes estallaron esporádicamente peleas feroces. A veces se alcanzaban acuerdos, pero siempre después de estos los mapuche eran tratados como una nación conquistada. En desagravio, ellos quemaron ciudades establecidas en su territorio por los españoles y más adelante por chilenos, e hicieron ataques sorpresa en instalaciones dispersas. Se sucedieron las represalias. Finalmente, en 1883, convencidos de que lo más sabio era hacer un tratado con el gobierno chileno, los mapuche voluntariamente llegaron a un acuerdo. En este ellos nuevamente demuestran ser un pueblo aborigen único. Hombres viejos nos hablaron de esos días en 1946. Cito a uno de ellos:

> En 1860, cuando Joaquín Pérez era Presidente de Chile, los mapuches aún estaban peleando con los Chilenos. Este tipo de pelea fue llamado malón —malón es una palabra castellana [un ataque sorpresivo al estilo de los indios americanos]. Los mapuches le hicieron mucho daño a los chilenos: ellos les robaron animales, incluso bueyes; capturaron niñas y mujeres que ellos especialmente admiraban, y luego las forzaban a casarse con ellos; robaron tierras; destrozaron pueblos pequeños —entre ellos le prendieron fuego al pueblo de Imperial dos veces y destrozaron Cañete completamente además de otros pueblos similares. Para poner fin a estos malones, el Presidente Pérez mandó al Coronel Bochef[9] a nuestro territorio. Cuando Andrés Lienlaf, el jefe de los *lonkos*[10] en nuestra área, supo de esto se marchó a Valdivia [cuarteles militares chilenos] para hablar con

9 N. de T.: Coronel Beauchef.

10 N. de T.: Si bien en el texto original, ciñéndose a la literatura existente entonces, la autora utiliza el término "cacique", se ha optado por actualizar a la correcta denominación en mapudungun: *lonko*.

el Coronel. Se llevó a José Martín como intérprete [...] El Coronel los trató como traidores. José Martín defendió a Andrés y dijo que habían venido a negociar la paz y no la guerra. El Coronel, por su parte, había recibido órdenes de exterminar a todos los mapuches desde Valdivia al norte hasta la provincia de Arauco. Para convencer al Coronel de sus buenas intenciones, Andrés se arrodilló e hizo un juramento de que él les diría a todos los mapuches bajo su mando que debían poner fin a estos malones. El Coronel, entonces, les dio tres meses de gracia. Andrés debía regresar y decirle a los mapuches que pusieran fin a sus ataques. Andrés regresó. Habló con los *lonkos*. Algunos no estuvieron de acuerdo con él, dijeron que se había vuelto un traidor a su pueblo y tierra [...] Más tarde, el Coronel vino acá a firmar la paz con el *lonko* Andrés. Desembarcó en Chan Chan con 1.500 soldados. Cuando lo vimos guiar a estos soldados a nuestra tierra, la gente huyó y se escondió; ellos pensaron que ahora sus hogares serían quemados y ellos mismos exterminados. Las mujeres se lamentaban. Pero esto terminó las guerras. Así fue como los mapuches de esta área se salvaron ellos mismos de ser aniquilados.[11]

Sería más preciso decir que desde 1883 ha habido infiltración y penetración de los chilenos en el territorio de la Araucanía, más que decir que los mapuche están siendo forzados a la aculturación debido a la subyugación o sumisión al gobierno chileno.

Registros escritos llaman a esta gente araucanos,[12] una palabra probablemente derivada del nombre de la araucaria [*Araucaria araucana o Dombeya chilensis*], un árbol que crece en el área —los mapuche llaman a este árbol *pewen* [o *pehuén*]. Los araucanos se llaman a sí mismos mapuche [personas de la tierra]. Sin embargo, la historia consigna a los mapuche como solo una división de los araucanos. Otras divisiones son los pehuenche [o *pewenche*] de las tierras montañosas de los Andes [gente que vive donde el *pewen* o *pehuén* crece]; picunche [gente del norte], y huilliche [gente del sur]. Con respecto a los mapuche hoy en día, los

[11] "Araucanian child life and its cultural background" en *Smithsonian Miscellaneous Collections*, vol. 133 (Washington, D.C., 1957), 3-4.

[12] N. de T.: Como ocurre con el término "cacique", la autora utiliza el término "araucano" para referirse al mapuche, se ha optado por usar la denominación correcta en esta traducción una vez concluida la explicación presente en el párrafo que contiene esta nota.

términos pehuenche, picunche y huilliche son usados por ellos solo cuando se refieren a mapuche que viven en un área en particular, de lo contrario, ellos hablan de sí mismos y de todos los otros como mapuche. Pudimos comprobar esto mientras estábamos viviendo entre ellos.

También, los mapuche son únicos en el idioma que hablan. Su idioma es clasificado como una familia lingüística independiente y es llamado araucano.[13, 14]

Culturalmente, los mapuche de Chile son un pueblo sedentario y agricultor; ellos ya lo eran cuando los españoles los conocieron por primera vez. Hoy, en todas las regiones, ellos crían ganado y ovejas. En el caso de aquellos que viven en la zona costera, la pesca y los mariscos que recolectan del Pacífico han sido siempre su medio de subsistencia. Los lagos proveen peces para aquellos que viven en los valles andinos. Para los mapuche chilenos, la caza mediante trampas jugó un rol, pero no así la cacería. En tiempos prehispánicos, los mapuche argentinos eran cazadores, principalmente de guanacos [*Lama guanicoe*], aves parecidas al avestruz [*Rhea americana albescens*], pumas [*Felis concolor*] y armadillos [*Chaetophractus villosus*]. Hoy son principalmente pequeños criadores de ganado, caballos y ovejas, y a una menor escala, son horticultores y agricultores.

La población total de mapuche es desconocida. Dependiendo de la fuente consultada, aquellos en Chile suman de 97.000 a 150.000 personas. Estimaciones hechas por los primeros españoles varían entre 500.000 y tres veces ese número.

Los mapuche de Chile esperan que los miembros de sus familias tengan fuerza vital, autorrespeto, coraje y que acaten las leyes. Anteriormente, las familias eran polígamas, hoy en día la mayoría son monógamas. A pesar de que la asistencia a colegios estatales o privados es obligatoria en Chile, la mayoría de los padres cuidan que sus hijos asistan al colegio, pero no dudan en hacer ver su convicción de que la responsabilidad en la educación de sus hijos es de ellos. Ellos insisten en que educar a los niños en las tradiciones y costumbres de su pueblo es parte de la educación total del niño. Los padres, consecuentemente, lo hacen su

---

[13] B.A.E. Bulletin 143 (1946), II, 695.

[14] N. de T.: Por las mismas razones expuestas acerca del uso del gentilicio "araucano", de aquí en adelante se hablará de mapudungun cuando se haga referencia al idioma mapuche.

deber entrenándolos en esto, así como también en su idioma nativo. La oratoria es conservada en alta estima, por lo que los niños hombres son formados en esta. Los abuelos no ejercen la función de profesores a no ser que estén criando a un niño huérfano. No hay iniciación en la tribu ni tampoco ritos de reproducción para niños o niñas.

Los mapuche tienen un ritual de sacrificios religiosos bien desarrollado. Todos asisten a su realización. Sin embargo, los mapuche cristianos, en general, son principalmente observadores. El gobierno inicial de los mapuche fue rudimentario pero efectivo. Todos los padres de familia tenían opinión en él. Los *lonko* tenían jurisdicción limitada, pero sus poderes estaban bien definidos y eran respetados. En tiempos de guerra, ellos elegían como jefe al *lonko* más agresivo; su poder mientras duraba la guerra era casi ilimitado. Ahora se están llevando a cabo cambios en la manera de gobernar. En todas partes se hacen notar las usurpaciones del gobierno chileno. Los *lonko* han sido marginados de la mayoría de sus derechos y responsabilidades. Sus deberes anteriores como jueces están ahora, mayoritariamente, en manos de las cortes chilenas, y policías residentes en el área rural ejecutan las leyes chilenas. Mientras vivimos con ellos en 1946-47 y 1951-52, los mapuche expresaron su preocupación acerca de estos cambios. Ellos parecían indefensos hacia la acción ejercida por el gobierno central de Chile que intenta anular las peticiones de tierras que han sido, por siglos, de ellos. Peticiones basadas en costumbres y decisiones de las tribus; pensaban que sus peticiones eran derechos asegurados para ellos al momento de la pacificación final por el gobierno chileno. "Aquí estamos, nuevamente de vuelta en los tiempos de 1883: ¡Promesas rotas! Nuestros líderes ya no tienen más los derechos que fueron garantizados por acuerdo", dijo Huenun Ñamku. Solo hay sumisión por parte de los mapuche en asuntos donde la resistencia es inútil. Ha sido en vano la resistencia frente al pago de impuestos por la tierra, la educación obligatoria, la restricción de las actividades de las *machis*, y la aplicación de las leyes por parte de la policía chilena que reside en el área rural, en vez de los *lonko*.

Los mapuche son hospitalarios entre ellos y hacia los extranjeros. Se puede confiar en su disposición para ayudar. Tanto hombres como mujeres se preocupan por su apariencia personal. Existen amistades especiales y encuentran su expresión en los ceremoniales. Elogiar su inteligencia personal es el cumplido más refinado que se le pueda dar a un mapuche. Por el contrario, él se siente profundamente herido por expresiones de desprecio a su inteligencia. La paciencia es un logro, especialmente por parte de las mujeres. En general, las mujeres tanto jóvenes como casadas, viven vidas castas y los hombres muestran respeto por ellas. El tiempo libre lo pasan jugando una forma de hockey y otros juegos competitivos. La lucha libre y el nado también son pasatiempos.

El padre de familia demanda obediencia por parte de los niños y esposa —o esposas, en caso de poligamia. De vez en cuando, peleas entre esposo y esposa ocurren; cuando estas son prolongadas, no infrecuentemente, la esposa se libra de la situación colgándose ella misma. De acuerdo a policías que trabajan en el área mapuche, los mapuche son respetuosos de la ley. Generalmente, los arrestos resultan de robos o heridas infligidas a no-mapuche durante peleas de borrachos.

Chicha, la sidra de manzana fermentada, es hoy la bebida de intoxicación. Los mapuche admiten que su introducción ha resultado en un deterioro de su pueblo, y que beber en exceso se ha convertido en un vicio. En tiempos prehispánicos, el *muday* era el brebaje alcohólico. Tomaba tiempo y mucho esfuerzo humano producirlo: las mujeres pasaban días moliendo trigo o granos y arrojándolos a una olla donde tomaba más días en fermentar. Había solo suficiente para que los hombres tomaran hasta intoxicarse en ocasiones especiales. Dos de tales ocasiones eran al finalizar el tiempo de cosecha y después de la construcción de una vivienda. A estas costumbres de épocas antiguas en que los hombres tomaban en exceso en ocasiones específicas, se han sumado hoy los días de fiestas de los chilenos. En tiempos prehispánicos, el *muday* fue el brebaje en las comidas, hoy solo se toma en los ceremoniales religiosas de las tribus, pero nunca en exceso.

En caso de enfermedades, se llama a los herbolarios y *machi*. La causa de todas las enfermedades es un mal deseado por otro, lo cual es causado por brujos. Esta animadversión también puede acabar en embrujos contra los seres queridos de alguien o sobre sus campos, cosechas y ganado. Por lo tanto, es conveniente tener el buen deseo de todos.

En su cultura aborigen, los mapuche eran un pueblo autosustentable con un estilo de vida bien integrado.

Mientras vivimos entre ellos en Chile, encontramos que gran parte de su cultura aborigen está aún intacta, especialmente en la zona costera y en los valles más altos de los Andes. Pero incluso en estas áreas se aprecia la transición hacia una cultura chilena-mapuche. La cultura de los valles más bajos y de la gran planicie central ha tenido un avance decidido en esta dirección. Sin duda, la transculturación se debe, en parte, a las leyes de educación obligatoria en Chile que demandan que todos los niños, incluyendo a los mapuche, asistan a la escuela; a la usurpación de los derechos y peticiones por posesión legítima de la tierra por parte del gobierno chileno; y a ventajas económicas, buscadas por los mapuche, que los comerciantes de ganado chileno y compañías madereras chileno-argentinas les han proporcionado.

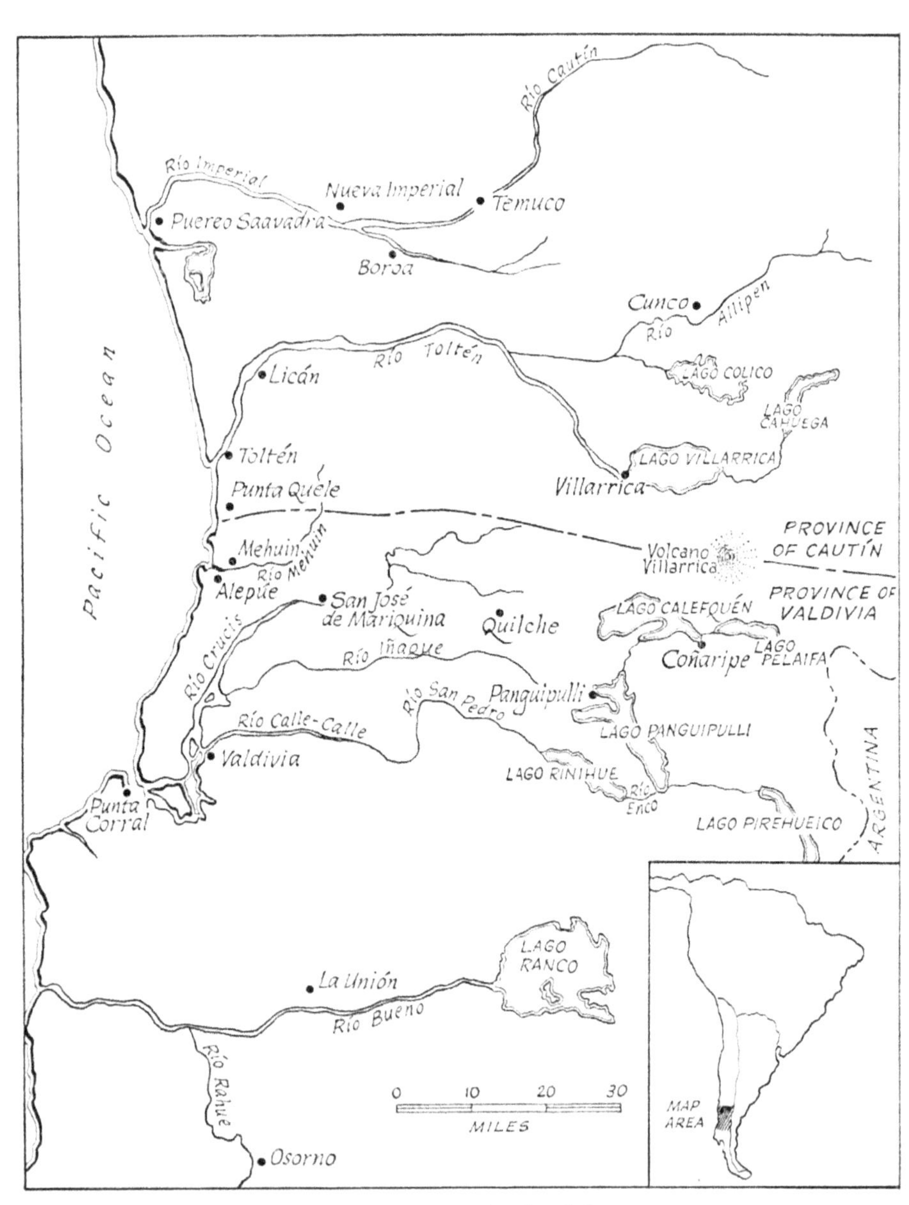

Territorio mapuche de Chile.

HUENUN ÑAMKU

Un mapuche de los Andes recuerda el pasado

CAPÍTULO I

Huenun Ñamku, pescador y cazador

Huenun Ñamku [pronunciado "hwēnūn'ny' äm'kū"] llegó engreído esta mañana. Nos dio la mano, pero sin interés, no cordialmente como la primera vez que nos encontramos. No se hizo ningún comentario sobre el clima. No intercambiamos ningún comentario amable... Nos dimos cuenta de que había una tormenta batallando en su cabeza. Él comenzó: "Algunos mapuche jóvenes me regañaron ayer en la tarde por darles información acerca de nuestras formas de vida y viejas costumbres. Ellos dijeron que ustedes probablemente se están riendo de mí porque les cuento sobre ellos, y ciertamente se reirán de mí cuando les traiga el modelo de cuna que les prometí hacer".

Luego, en un modo desafiante y decidido, acercó bruscamente una silla hacia la mesa donde estábamos sentadas, y en la cual lo habíamos entrevistado el día anterior. Se sentó y prosiguió: "Pero yo decidí hacerlo porque algunos mapuche en el pasado no habían contado toda la verdad acerca de nosotros. Sé de todas esas cosas insensatas e incomprensibles que se han escrito sobre nosotros. Yo he escuchado cuáles son algunas de ellas. Quiero que se diga la verdad acerca de nuestro pueblo. No solo estoy listo para ayudar —por eso estoy aquí— sino también me ofrezco para ir con ustedes a Coñaripe, o a cualquier otro lugar donde haya mapuche. Cuidaré que ustedes conozcan personas inteligentes allá que les puedan dar información correcta y que dirán la verdad sobre nosotros. Estoy interesado en ver el libro que escribirán sobre nuestra gente, no solo por verlo terminado, sino porque contará la verdad acerca de nuestro pueblo. Estoy de acuerdo con usted: es importante que se haga un registro sobre nuestras formas de pensar y maneras de hacer las cosas. Futuras generaciones de mapuche deberían saber qué tipo de pueblo éramos y cuáles eran nuestras costumbres. Sé que incluso ahora nuestra manera de hacer las cosas está cambiando. Mire a través de esa ventana. ¿Ve usted a ese chileno cortando su grano? Lo está haciendo con una segadora; él corta y trilla ese grano con una sola máquina. Si vas conmigo al otro lado de ese cerro, verás ahí a una familia de mapuche cortando sus cultivos de granos con una hoz. La próxima semana, los verá trillando ese grano usando caballos que pisotean las espigas. Las personas extenderán el grano en la tierra en un espacio cercado por rejas —nosotros lo llamamos *lila*— de modo que las espigas queden a la altura de las patas de los caballos mientras se mueven alrededor de la *lila*. Los caballos pisarán las espigas por horas. Las cosas están cambiando para nosotros. A su debido tiempo, los mapuche también estarán usando segadoras".

Todo esto lo dijo Huenun en un tono de voz y una manera que demostraban determinación y convicción. Ahora, parecía estar muy pensativo. Luego, añadió: "Quiero que en ese libro que están escribiendo digan —y en un lugar sobresaliente— que yo les di información".

Margaret Mondloch, mi asistente de campo, deseaba que esos mapuche jóvenes hubiesen escuchado a Huenun proferir esa última frase y hubiesen visto su cara mientras lo decía. Yo le dije a ella, "Si el abuelo Terres" —mi abuelo Terres era su tatarabuelo Terres— "Si el abuelo Terres hubiese dicho esa última frase, con seguridad, él la hubiese sellado con un golpe de puño en esta mesa". Esta fue nuestra segunda entrevista con Huenun. Nuestra primera entrevista se había realizado dos días antes.

Margaret y yo habíamos venido de la zona costera chilena, habíamos cruzado la gran planicie central de Chile y estábamos ahora en el valle de Panguipulli, en el lago Panguipulli, uno de los lagos pintorescos de las zonas más bajas de los Andes. Huenun Ñamku vivía en este valle. Margaret y yo habíamos pasado cerca de dos meses en la zona costera, viviendo y hablando con los mapuche. (Huenun llama a su gente mapuche; los etnólogos los llaman araucanos). Habíamos tomado notas de lo que nos habían contado allá acerca de su forma de vivir y también de lo que nosotras habíamos observado. Habíamos entrevistado a la mayoría de las familias en sus hogares.

Llegamos hasta los mapuche menos aculturados de la zona costera a caballo, único medio para acceder a ellos. Se nos dijo también que podíamos llegar a caballo hasta aquellos que viven en los valles de los Andes si seguíamos los senderos viejos alrededor de los lagos, en este caso lagos Panguipulli y Calafquén, o por agua si navegábamos a través de los lagos. Por ellos navegaban barcos pequeños, alimentados con madera y propulsados a vapor conocidos como vapores [pronunciado "vä pôr""], cada uno transportando un barco de carga conocido como lancho [pronunciado "län´chō"] y cargados con madera. El *lancho* es amarrado al costado del vapor. La madera es acarreada desde un lago más arriba a uno más abajo por camiones o carretas de bueyes.

Margaret y yo habíamos venido a Panguipulli para obtener un viaje a Coñaripe en un vapor. Nuestros planes eran quedarnos en Panguipulli el tiempo suficiente para convenir el transporte a Coñaripe. Se nos había dicho que la navegación de los vapores era de lo más impredecible: a veces dos o tres de ellos navegaban una vez a la semana; otras veces, uno de ellos navegaba solo cada dos o tres semanas.

A nuestra llegada a Panguipulli, escuchamos que un lancho estaba siendo descargado. Francisca Fraundorfner, una de las profesoras de la Escuela Misional en Panguipulli, fue con nosotros al muelle para averiguar cuándo saldría este vapor de regreso. El capitán no tenía idea cuándo su *vapor* navegaría, nos haría saber y nos prometió llevarnos con él.

Al regresar a la Escuela Misional, conocimos al padre Sigisfredo,[15] un sacerdote alemán capuchino, que había pasado más de cincuenta años entre los mapuche. Hablaba bien el idioma de ellos; conocía todas las áreas en las cuales vivían los mapuche; él conocía a la mayoría de los mapuche por su nombre. Él le había avisado a Huenun que nosotros llegaríamos a Panguipulli ese día. El padre Sigisfredo nos contó que algunas semanas atrás, Huenun había escuchado que nosotros estábamos recolectando información en el territorio mapuche y que planeábamos escribir un libro acerca de su pueblo. Huenun quería ser avisado del día de nuestra llegada; deseaba conocernos y ayudarnos.

Antes de que regresáramos del muelle, Huenun había llegado. Nos estaba esperando en la sala de clases que Francisca había preparado

---

[15] N. del E.: Sigisfredo de Frauenhäusl, nacido como Alois Schneider el 19 de septiembre de 1868 en el pueblo bávaro de Kehlheim, fue un sacerdote capuchino que arribó a Chile en 1896 y estuvo a cargo de la misión de Panguipulli por cincuenta años. Si bien es descrito como un "intelectual que valoró la cultura mapuche y su lengua, al punto de dominarla más que el castellano, pero sobre todo un abogado del pueblo originario" (Othmar Noggler), su figura ha sido cuestionada tras el estudio y posterior análisis contextual de las cartas que escribió en 1905 (véase Pozo Menares, Gabriel (ed); *Expoliación y violación de los derechos humanos en territorio mapunche. Cartas del padre Sigisfredo, Misión de Panguipulli, año 1905*. Ocho Libros, Santiago, 2018).

para nuestro uso. Las salas estaban vacías porque eran las vacaciones de verano. Había movido algunos escritorios hacia una muralla y otros hacia la muralla opuesta. Entre ellos, había colocado una mesa larga para nuestro uso. El padre Sigisfredo nos llevó a la sala, nos presentó a Huenun y se fue a su oficina.

Cuando entramos a la sala, Huenun estaba mirando unos panfletos y mis estudios de chippewa y arapaho,[16] materiales que habíamos traído y que yo usaba para presentarle a los informantes lo que nosotros planeábamos hacer con la información que estábamos recolectando. También, era una forma de atraer su interés, de motivarlos y hacerles saber nuestro objetivo. Al mostrarle los libros al informante, yo le diría: "Después de todo, las personas, en nuestra parte del mundo, han tenido sus costumbres registradas y ahora los hijos de sus hijos alguna vez sabrán cuáles fueron las costumbres de su propio pueblo". Luego preguntaría, "¿Cree usted que su gente encontraría interesante tener sus costumbres consignadas de modo que los niños de sus niños sabrán cuáles eran sus costumbres?".

Huenun señaló la palabra *primitive* en el título de uno de los panfletos —reconoció la palabra por su similitud con su equivalente en castellano, primitivo— y con aire autoritario dándose importancia y responsabilidad, que luego aprendimos era característico en él, preguntó: "¿Van a usar ustedes la palabra "primitivo" en el título de su libro sobre los mapuche?".

Respondí, "¿Cree usted que deberíamos?".

Prontamente replicó: "¡Por cierto que no! ¡Por cierto que no! Esa palabra puede ser usada cuando se habla de gente menos inteligente que los mapuche, personas como aquellas de las islas en el Pacífico, por ejemplo, los habitantes de Isla de Pascua, pero no cuando se habla de los mapuche. Cuando nuestros jóvenes volvieron de la guerra (Segunda Guerra Mundial), nos contaron acerca de las costumbres de los habitantes de las islas del Pacífico. ¡Puedo asegurarles que estas personas son primitivas!" Tampoco nos permitía usar la palabra "indios" en ninguna parte del

[16] N. del E.: Los chippewa son uno de los pueblos nativos más grandes de América del Norte; se encuentran en la misma proporción, en Canadá (en Ontario) y en Estados Unidos (en Wisconsin y Minnesota). La tribu amerindia arapaho o *pueblo del bisonte* vivió durante el siglo XIX en el este de las Grandes Llanuras de los actuales estados de Colorado y Wyoming de lo que hoy es parte de los Estados Unidos.

libro. "Los mapuche no son "indios"". Él señaló la palabra "indios" en el título de otro panfleto. Antes de comenzar nuestro trabajo de campo ya habíamos sido instruidas por el obispo Guido Beck,[17] vicario apostólico del territorio de la Araucanía, para no usar la palabra "indios" cuando habláramos con los mapuche ya que es una palabra ofensiva para ellos. Esta tiene una connotación de servidumbre y sujeción, ya que fue escuchada por primera vez durante los tiempos de intentos de subyugación por los españoles que invadieron su territorio.

Ahora Huenun se quedó ahí; nos estaba estudiando. Miró a Margaret y luego a mí. "Así que ustedes dos han venido desde Norte América para aprender nuestras costumbres". Lo observamos bien. Su cara estaba seria. Sus cejas formaban refugios para sus ojos oscuros, inteligentes y penetrantes. Sus arrugas eran profundas; surcaban su cara golpeada por el clima. Su bigote colgaba más allá de los extremos de su boca. (los hombres en la zona costera ocasionalmente tenían bigotes, pero no barba, algo que yo no había visto entre los indios norteamericanos). Él debió pensar que su pelo estaba en su lugar —acababa de pasar sus dedos sobre él para arreglárselo. Usaba zapatos y sombrero —habíamos aprendido esto en la zona costera— señales para sus compañeros mapuche y para otros de que disponía de más medios que los necesarios para lo básico del día a día.

Le dije a él: "Usted es un hombre de muchos años; debe saber muchas cosas que a nosotros nos gustaría saber. ¿Qué edad tiene?".

Él contestó: "Pienso que tengo ochenta años. He estimado que esta es mi edad porque gente más vieja me contó que yo aún estaba amarrado a mi cuna cuando los mapuche del otro lado de la cordillera —de lo que hoy es llamado Argentina— no solo persiguieron a nuestro pueblo hasta

---

[17] N. del E.: Monseñor Guido Beck de Ramberga, nacido en Palatinado Renano, 9 de diciembre de 1885, fue un sacerdote católico de la Diócesis de Espira, capuchino y Prefecto Apostólico de la Araucanía. Llegó a Valdivia el 29 de enero de 1912 como misionero al servicio de la prefectura Apostólica de la Araucanía.

Tras trabajar en Padre Las Casas, Valdivia y Cunco, el 20 de enero de 1925, es nombrado Prefecto apostólico de la Araucanía. El 4 de agosto de 1928 le fue dada la investidura episcopal por el arzobispo de Santiago llegando a ser así el primer vicario apostólico de la Araucanía y Obispo Titular de Mastaura. El 25 de octubre de 1928 fue nombrado administrador apostólico de Valdivia. El año 1948, Mons. Beck traslada la sede del Vicariato desde San José de la Mariquina a Villarrica, donde muere el 5 de marzo de 1958. Se le reconoce gran cercanía con el pueblo mapuche, aprendió su idioma, trabajó incansablemente y fue una figura muy presente y bondadosa.

acá, sino también los hicieron padecer en nuestro territorio. Nuestra gente había ido allá a robar ganado, algo que a menudo hacían, pero nunca habían sido perseguidos. Por este evento, yo estimo que debo tener ochenta años, pero la verdad es que no sé cuántos años tengo. Pero ¿quién quiere saber eso? ¿Qué importancia tiene eso para su libro? En agosto pasado, quería ir a Argentina de visita. Tenía que ir a Valdivia para obtener un permiso para salir de Chile. Allá querían saber la fecha de mi nacimiento. Inventé una fecha para ellos, y también otros hechos acerca de mí. Dije que había nacido el 30 de agosto de 1889; que había estado en el servicio militar en 1903; que me casé el 7 de mayo de 1907. ¿Qué importancia puede tener para cualquiera saber todo eso acerca de mí?".

Huenun aún estaba interesado en nuestros libros y panfletos. Los tomó, caminó al otro lado de la mesa y se sentó. Los examinó un poco más y luego expresó: "Quiero decirles otra cosa sobre su libro. No ponga el retrato de una mujer mapuche en la portada; ciertamente ese no es el lugar para el retrato de una mujer; el de un hombre estaría bien". Más adelante aprendimos que él se estaba refiriendo al retrato de una mujer mapuche en la portada de *Lecturas araucanas*, un libro publicado en 1934 por Félix José de Augusta y Sigisfredo de Fraunhäusl, el Padre Sigisfredo el cual recién habíamos conocido.

Me arriesgué a preguntar: "¿Qué tal si ponemos su retrato en la portada?".

Él respondió y se rio enérgicamente: "Entonces ustedes podrán estar satisfechas de que tendrán a un mapuche inteligente y representativo en ella". Él continuó: "Una vez vi un libro que un pescador argentino tenía —estaba pescando aquí alrededor de nuestros lagos. La portada de ese libro retrataba una trampa para atrapar animales de cuatro patas; creo que era una trampa usada en países lejanos. Ustedes podrían fotografiar una de nuestras trampas y usarla en la portada de su libro".

"¿Qué tipo de trampas usan los mapuche?", pregunté.

Él tomó un pedazo de papel e hizo un esquema. "Esta es una trampa para pescar peces en un río", dijo. "Es circular, y la llamamos *llolle*. Los hombres la usan para pescar peces grandes y vivos". Siguió describiendo cómo se hacen: los hombres extienden tallos de colihue [*Chusquea culeon*, bambú nativo]uno al lado del otro con las puntas más delgadas en una dirección —los tallos deben ser de una extensión de dos brazos de largo; no deben ser más cortos. En esa posición, son amarrados con una parra fuerte usando una técnica de tejido por arriba y por abajo.

Una vez que están amarrados, el conjunto tiene una forma de abanico. Luego los lados se juntan y amarran unos a otros, dando a la trampa una apariencia de tronco alargado. Huenun advirtió que el diámetro en XX puede ser de cualquier ancho, pero en el punto X nunca debe ser mayor a la extensión de una mano; si es más grande, los peces se devuelven y nadan nuevamente a XX. Antes de que la trampa sea colocada, se plantan muy cerca unas de otras ramas grandes de árboles a lo largo del sendero indicado por las Y´s. "Esto es como una reja", dijo Huenun; "nosotros lo llamamos *müko*. Amarramos la trampa a algunas de las ramas cerca de la mitad del *müko*, de modo que quede en posición. Los peces vienen al *müko*, luego miran alrededor para encontrar otro camino para ir río abajo, y encuentran esta vía para entrar al *llolle*. Aquí salen nadando por X donde un hombre se para listo para agarrarlos. He hecho *llolle* y he pescado con ellos; pescamos con ellos en la noche. Como ustedes saben, los peces grandes vienen río abajo en camadas, dos o tres veces durante la noche".

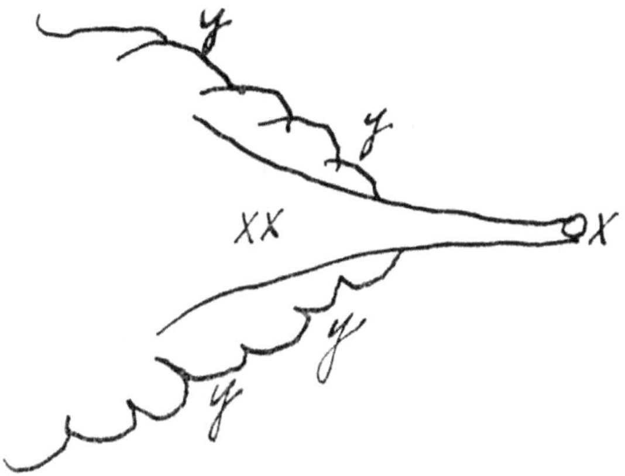

Llolle, una trampa para peces.

Huenun continuó diciendo que, antes de ir al río a pescar, cada hombre hace un colgador de peces para sí mismo. Él encuentra parra ligeramente rizada y toma tres pedazos de ella, cada una del largo de un brazo más o menos. Las amarra juntas usando una para hacer un nudo alrededor de la mitad. Huenun hizo el esquema de uno y dijo. "Un colgador de peces se ve así". "En mapuche lo llamamos *mauche challwa*".

Ahora los hombres están listos para pescar. Todos caminan al río. Cada uno tiene su turno en el punto X del *llolle*. Cuando un pez aparece, el hombre en X lo agarra con sus manos, mete un extremo de la parra de su colgador de peces a través de las agallas, y empuja el pez hacia el nudo. La pesca es llevada al hogar agarrando el nudo. "No, no, ¡los peces no pueden deslizarse! ¿Cómo podrían? La parra está enroscada".

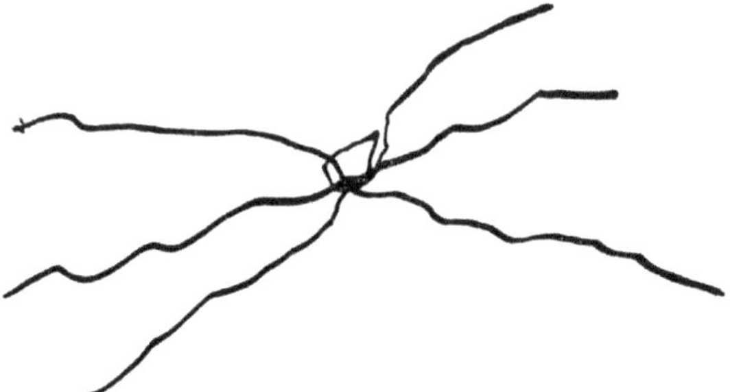

Mauche challwa, un colgador de peces.

Las mujeres y los niños pescan menos peces vigorosos que los hombres, continuó explicando Huenun. Uno de los favoritos es el *puyen* [*Galaxia maculatus*], llamado *upesh* en mapudungun. Las mujeres pescan estos en una trampa larga parecida a un canasto llamada *chiñe*, que ellas tejen con la técnica usada al tejer un *chaiwe*, es decir, un colador casero que sirve como filtro y para escurrir. Mientras hacía el bosquejo del *chiñe*, él reparó: "Los *upesh* se encuentran en ciertos ríos pequeños y en arroyos. Estos vienen en camadas, son más bien dóciles. Uno puede ver sus espaldas a medida que vienen río abajo. Las mujeres saben dónde encontrarlos. Cuando las mujeres los ven venir, ellas caminan silenciosamente por el río. Muy pronto puedes ver a las mujeres persiguiéndolos de ida y vuelta, recogiendo los *upesh* con sus *chiñe*. Hace poco las vi pescar de esta manera en el arroyo en Baihuenta".

Huenun no había escuchado sobre anestesiar peces vertiendo decocciones de plantas específicas al río. Sin embargo, mi pregunta le recordó algo que las mujeres hacen y que logra tranquilizar a los peces o de lo contrario ponerlos en alerta —él no sabía cuál. Una mujer del grupo amarra una serpiente a una hebra fina de tendón de caballo y lo guía lentamente río arriba desde la boca misma del río; las otras mujeres también caminan río arriba al mismo paso que la mujer que lleva la serpiente, pero esta lo hace por la ribera del río. Huenun continuó: "Esa serpiente, parece que domestica a los peces, porque los peces que vienen corriente abajo se dan vuelta y se devuelven lentamente río arriba. Cuando llegan a un lugar poco profundo, con fondo arenoso se reúnen en camadas. Aquí las mujeres que están en la ribera pueden fácilmente verlos, en realidad, no tienen que buscarlos porque el *wala* [un pájaro de agua, no identificado] los ve antes y les avisa. El pájaro se para cerca de la camada y grita "*waa-waa-waa-waa*". Las mujeres salen de la ribera del río sin hablar, caminan lenta y silenciosamente donde el *wala* indica que están los peces, y luego los recogen alegremente con sus *chiñes*".

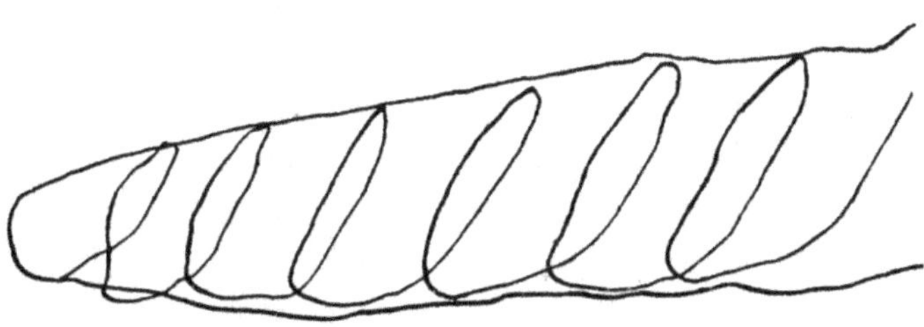

Chiñe, una trampa para peces usada por las mujeres.

Los hombres también prenden peces con arpón desde las riberas del río. Huenun había hecho un arpón ahuecando un larguero de colihue, con excepción de que este no tenía la extensión de una mano en su extremo. Él rebanó este extremo en mitades a lo largo, extendió las mitades e insertó dos aberturas de colihue adicionales del mismo largo entre ellos. Para mantener estas cuatro aberturas aparte, amarró secciones de parra fuerte retorcidas entre cada dos. Tal lanza se llama *nülewe*.

Nülewe, un arpón para peces.

Huenun pescó cinco tipos de peces en ríos andinos. Él nos dio sus nombres en mapudungun y nosotros los identificamos y clasificamos por sus nombres en castellano. Ellos son: *lipügn* [perca; *Percichthys trucha*], *peliolo* o *peloilla* [*peladilla*; *Haplochiton taeniatus*], *kauke* o *remü* [*pejerry*; *Patagonia hatcheri* o *Atherinichthys argentinensis*], *upesh*, y *fosha*. Fuimos incapaces de identificar el *fosha*. Huenun lo describió como un pez sin escamas, con pocos huesos y una cabeza grande que tenía dos cuernos suaves. Hizo un bosquejo del *fosha*, pero lo destruyó cuando no pudo decidir si los cuernos se volvían hacia adelante o hacia atrás. Él añadió: "Comemos *fosha* solo cuando la comida es escasa y otros peces no aparecen en nuestro camino. Cuando llegamos a esto, que ese pez no aparece más, sacrificamos la sangre de un cordero o una oveja en la ribera del río en el cual intentamos pescar. Matamos al animal y esparcimos su sangre hacia el cielo mientras decimos una oración de petición a Chau [Dios]". Trató de dar una traducción exacta del rezo, pero se le hizo difícil. Dijo que era una oración pidiéndole a Dios que bendiga al pueblo con una captura de peces muy necesaria. La carne del cordero u oveja es llevada a casa por aquellos hombres del grupo que hicieron el sacrificio.

Huenun continuó diciendo que los *kauke* están extintos. Él le echó la culpa al salmón canadiense que había estado almacenado en los lagos andinos estos últimos años. "Temo que estos salmones han devorado hasta el último de ellos", dijo con pesar. "Incluso ahora ustedes pueden ver salmones nadando fuera de los lagos y de arriba abajo en nuestros arroyos buscando *kauke*". Su preocupación por los peces nativos nos recordó la preocupación expresada por habitantes no-mapuche que también temían que pronto todos los peces nativos de los lagos andinos se extinguirían; todos los lagos están siendo poblados con peces foráneos porque la región de los lagos chilena se ha convertido en un paraíso para pescadores extranjeros. Huenun continuó: "Los *kauke* varían en sus tamaños: algunos tienen una extensión de dos manos de largo, algunos solo una. Los *kauke* son pescados en primavera. Los jóvenes hacen de la pesca de ellos un deporte —los pescan con la mano desde la ribera de los ríos. Cuando yo era un hombre joven, fuimos a un arroyo o río pequeño donde sabíamos que había *kauke*: fuimos allá después de la puesta de sol e hicimos una fogata en una de las riberas. Mientras la fogata se estaba encendiendo bien, cada uno de nosotros tomó varios tallos de colihue o varias ramas de *maqui* secas [*Aristotelia macqui*]. Pusimos el extremo de cada uno en el fuego, y tan pronto como estaban en llamas nos arrastramos por el agua, movimos el extremo ardiente sobre el borde del río unas pocas veces y luego los sostuvimos muy tranquilos ahí. Muy pronto varios peces llegaron nadando perezosamente hacia la luz para ver qué es lo que era. Cuando veíamos un *kauke*, nos metíamos silenciosamente en el agua, lo agarrábamos por debajo cerca de la cabeza y lo tirábamos dentro de nuestra *walika*. Cada hombre tenía una *walika*, que es un saco pequeño suspendido de su cuello por un tirante. Pero esos tiempos parecen haber desaparecido para siempre", dijo Huenun un tanto triste.

Era la hora del café. Francisca trajo té caliente hecho de hojas de frambuesas secas, un *Kaffee-kuchen* cubierto con huevos, azúcar cruda y algo de mermelada hecha de rosa mosqueta. Después del refrigerio, Huenun salió a hablar un poco a su caballo. Lo llevó a un lugar mejor para pastar y ahí lo amarró. Luego volvió y continuó diciendo: "Ahora les quiero contar cómo atrapamos animales salvajes, como el puma [*Felis concolor*], la *mara* [liebre patagónica; *Dolichotis Patagonia*], de hecho, a todos los animales de cuatro patas los atrapamos en un *wachi*. Cuando yo era joven, había muchos de estos animales cerca de aquí. Los *wachi* pueden ser de varios tamaños —el tamaño depende del animal que sea atrapado. Se necesitan tres hombres para instalar uno grande, que vendría siendo el tipo usado para un puma. Así es como uno de esos se instala. Luego él describió con la ayuda de gestos la instalación de un *wachi*. Es necesario un avellano [*Gevuina avellana*]) que sea de unas tres o cuatro extensiones de brazo de largo y tenga un diámetro cuatro veces la medida desde la punta del pulgar hasta el primer nudillo. Este es colocado en posición inclinada en la tierra a un brazo de profundidad (un avellano es mejor porque tiene más elasticidad que ningún otro). Un extremo de un cordel de pelo de caballo largo y torcido es amarrado al extremo superior del árbol y el otro extremo es amarrado a una trampa. Debido a la posición inclinada del árbol más el peso del cordel, la trampa es puesta a descansar a una corta distancia de la base del árbol.

La carnada, por lo general carne cruda, es colocada en la trampa y amarrada a ella. Después, gracias a una instalación ingeniosa, un poste vertical soporta a dos horizontales. Estos tres postes mantienen al *avellano* en una posición doblada y tendida y esto crea la trampa. Ninguna amarra es hecha en ninguna parte. Ahora los hombres se van a casa.

Más temprano que tarde, un puma aparece. Alcanza la carnada y mientras se la come él mismo la tira y como consecuencia los tres postes colapsan. Su colapso hace ceder al árbol; el árbol se mueve y al hacerlo contrae la trampa sobre el puma, generalmente por su cuello, pronto el puma cuelga en el aire. "Y así es como funciona un *wachi*".

Huenun continuó: "Hubo un tiempo cuando se podría esperar un puma a cualquier hora del día y en cualquier parte. Hoy, ellos se arrastran fuera de sus madrigueras solo por las noches. Buscan ovejas para chuparles la sangre. Es por esta razón que nosotros acorralamos nuestras ovejas cuando baja el sol. Si alrededor de un lugar durante dos mañanas consecutivas son vistas huellas de un puma, o si la sangre de alguna oveja ha sido succionada, tenemos que construir una trampa para agarrarlo. Esta trampa es diferente a la del *wachi*, pero también es de un antiguo tipo mapuche; nunca falla para atrapar al puma. Es construida para proteger a las ovejas, ¡pero de seguro para atrapar al puma!" Dibujó un diagrama y señaló que la trampa es un cerco redondo con una entrada angosta; en verdad, es un pasadizo ciego; es un poquito más grande que el ancho del cuerpo de un puma, pero más largo que su cuerpo. Para construirlo, árboles fuertes son plantados sólidamente en la tierra tendiendo ligeramente hacia afuera.

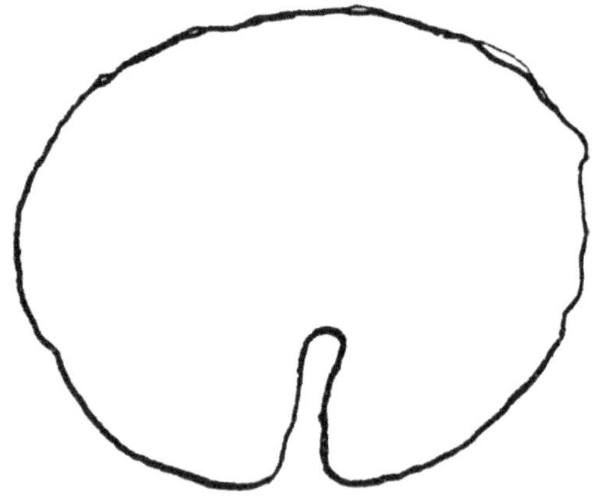

Trampa para puma.

Su posición tendida evita que el puma salte sobre ellos hacia el cerco. Los árboles son sostenidos en esa posición mediante parras entrelazadas; dos filas en la parte inferior y dos en la superior. Cualquier abertura que pueda aparecer después que el entrelazado sea hecho, será tapada muy bien con palos y matorrales que el puma no puede empujar en su camino al cerco. Sin embargo, algunos lugares serán entresacados de los árboles por aquí y por acá, de modo que el puma pueda ver las ovejas adentro. "He visto a un puma dar vueltas y vueltas alrededor de un cerco, oliendo cada vez que vislumbraba a las ovejas", dijo Huenun en voz baja, y también abriendo sus narices y oliendo. "Finalmente, el puma encuentra lo que a él le parece una entrada y se arrastra a ella. Un puma es inteligente, pero el hombre puede ser más listo que él. Una vez que está en el pasillo, que él supone es una entrada, se da cuenta que es un pasadizo angosto y ciego, mucho más largo que su cuerpo. El puma no puede darse vuelta y debe salir marcha atrás. Cuando lo hace, un hombre que ha estado en vigía lo apuñala con una lanza. Nuestra familia poseía dicha lanza, la compramos a un pariente que las fabricaba. Las fabricaba de monedas de hierro y plata que había obtenido al negociar con personas que no eran mapuche.

"Me contaron que la esposa de mi suegro apuñaló a un puma —generalmente, las mujeres no hieren a los animales. Esto sucedió cuando la esposa de mi suegro y otra mujer estaban en la *ruka* [vivienda] solas. La otra mujer al ver al puma colapsó de temor, pero mi suegra salió y lo apuñaló justo cuando estaba saliendo marcha atrás de la trampa. Ella atravesó su corazón con la lanza. Yo nunca he atrapado a un puma de esta manera; mi abuelo sí. De hecho, lo vi instalar una trampa tal que atrapó siete pumas con ella. Ahora debo decirles cómo atrapamos y le tendemos trampas a los pájaros, y después me debo ir a casa".

Los pájaros son atrapados con una cuestión parecida a una escalera hecha amarrando juntos los árboles. Huenun había usado parras para amarrar las partes. Generalmente, la escalera tiene una extensión de dos brazos de largo y uno de ancho. Cuando se coloca como trampa, un extremo se pone en el suelo a un ángulo mayor de cuarenta y cinco grados, y es reforzado en esa posición con un poste. Un extremo del cordel, hecho de pelo de caballo torcido, es amarrado al medio del poste mientras que el otro extremo es sostenido por quien lo atrapa. Este último se sienta silenciosamente más allá a una distancia corta. Semillas de pastos silvestres y/o trigo son amontonadas en una pila directamente bajo la escalera; estas son esparcidas al azar por los bordes para atraer a los pájaros. Cuando varios pájaros están comiendo bajo la escalera, el hombre tira el cordel. De este modo, desengancha la escalera y atrapa a los pájaros que están bajo ella. "¿Están los pájaros muertos o solo aturdidos?", pregunté.

"¡Muertos! ¡Indudablemente, la mayoría muertos!" dijo Huenun. "¡La escalera es pesada!".

Habíamos visto a pequeñas niñas mapuche atrapar palomas de una manera similar, pero las palomas estaban solo aturdidas; sin embargo, las niñas habían usado una persiana en vez de una escalera. Ese día, todos comimos palomas para la cena.

Huenun dijo que, para hacer caer a los pájaros, un hombre hace un lazo corredizo en un extremo de un cordel de pelo de caballo fino y extiende el lazo en el suelo. Para sostenerlo en su posición, coloca un pedazo de madera o una roca justo sobre el nudo en curso. Coloca semillas adentro de la trampa que sirven como carnada. Después, pone palos altos en un círculo alrededor de la trampa en el suelo, con una abertura en el nudo. Debido a que un pájaro no puede ni aterrizar en los palos ni volar directamente en la trampa, el pájaro caminará a través de la abertura y llegará inmediatamente a ella. El hombre, que ha estado sosteniendo el otro extremo del cordel a una distancia corta, tira del cordel y cierra la trampa a la altura de las patas del pájaro cuando está sacando la semilla.

Luego le pregunté a Huenun cómo son atrapados el pudú, un venado pequeño y rojizo [*Pudu pudu* o *Cervus humilis*] y el armadillo —los mapuche lo llaman "*peludo*" [*Euphractus sexcinctus]*. Él respondió: "En un momento, los pudúes eran bastantes en nuestro territorio; hoy, hay muy pocos de ellos. Muy de vez en cuando uno ve huellas de alguno de ellos —se parecen a las de las ovejas, pero son mucho más pequeñas. Los pudúes no han sido cazados en lo que llevo viviendo. Y nunca he visto un peludo. ¿Tiene patas el peludo? ¿Dice usted cuatro patas? Oh sí, ahora sí: es el animal que se enrolla en sí mismo cuando es atacado, o se esconde en un hoyo en la tierra. Lo hace excavando tanta tierra suelta que queda entre las capas de su espalda que nadie lo puede tirar fuera de su hoyo. Me han dicho que hay muchos peludos en el lado argentino de la cordillera. Pero no sé nada de cómo cazarlos. Ahora me debo ir a casa. Cae la oscuridad en estas montañas. ¿Desean que yo venga nuevamente?".

Había deseado que Huenun nos pidiera volver porque yo creía que en él teníamos a un informante inteligente, de libre pensamiento y confiable. Margaret tenía la misma opinión. Le contesté, "Si usted puede venir aquí día por medio, Huenun, nosotras nos quedaremos en Panguipulli por un tiempo. No soy dada a adulaciones, pero le quiero decir que lo encontramos un hombre inteligente y confiable".

Rápidamente respondió, "Les agradezco ese cumplido. Y les quiero decir que cuando el padre Sigisfredo me las presentó, inmediatamente yo reconocí que ustedes tenían inteligencia suficiente para saber que yo tenía algo. Pasado mañana estaré aquí a las nueve de la mañana".

Con esto terminó nuestra primera entrevista con Huenun. Margaret escribió en su cuaderno, "¡La entrevista de hoy terminó como una fiesta de admiración mutua!".

Huenun no había pensado que se le debería pagar por la información que nos había dado. Sin embargo, él estuvo de acuerdo en que sería justo recibir el pago que obtendría si estuviese trabajando en un fundo —un campo de propiedad de un chileno. Le pagamos en moneda chilena, como corresponde. Más adelante, descubrimos que las cosas materiales, en especial la comida, eran más aceptadas que el dinero en efectivo. Se despidió con un adiós, y se fue a su hogar.

CAPÍTULO II

Transcribiendo notas de campo

Si era factible, al día siguiente de una entrevista Margaret y yo traspasábamos las notas que habíamos tomado el día anterior —este día en particular, transcribimos nuestras notas sobre la pesca y caza. Por experiencias de campo previas, había aprendido que había una ventaja en hacer esto lo antes posible. Si queríamos registrar una entrevista con anotaciones etnográficas describiendo la reacción psicológica del informante, era necesario hacerlo cuando aún recordáramos la entrevista. A menudo las reacciones, tales como estados de ánimo o demostraciones emocionales, están culturalmente enraizadas o asociadas íntimamente con la personalidad del informante. Debido a que también habíamos aprendido que el intérprete podía ser útil en este proceso, dispusimos tener a Francisca con nosotros, o al menos cerca. Algunas veces, ella era capaz de dirimir disputas que surgían de detalles de una nota; clarificaba aquellas que ni Margaret ni yo habíamos comprendido claramente; de su propia experiencia, a menudo, contribuía con algo que recordaba debido a nuestras preguntas o con lo que el informante nos había contado; y estimulaba preguntas nuevas por su interés en lo que estábamos haciendo.

Francisca se sentó a tejer cerca de nosotros; estaba lista para ayudarnos si la necesitábamos. Fue una alegría tenerla con nosotras a todo evento: ella era jovial y dotada de un gran sentido común. Conocía bien a Huenun y había enseñado a sus hijos. A pesar de que admiraba su inteligencia y determinación, nos dijo que sería una dura prueba abstenerse de poner a Huenun en su lugar si alguna vez este demostraba su carácter. Ella sabía que Huenun haría un escándalo si su orgullo era herido. "Él es como todos los mapuche", añadió, "tan orgulloso como cualquier ser humano puede ser". Como ella y yo habíamos acordado que el deber de una buena intérprete era solo interpretar, ella consintió en ser una "buena" intérprete. Durante casi todas nuestras entrevistas subsiguientes, Francisca interpretó para nosotros, pero cuando le era imposible hacerlo, una de las hermanas, también profesora de la Escuela Misional, la reemplazaba.

Al transcribir una nota, Margaret la leería de su cuaderno de anotaciones. La mayor parte de sus anotaciones eran realmente largas con abreviaciones y caracteres improvisados, con palabras en mapudungun y con bosquejos y diagramas de Huenun interpuestos. Francisca y yo discutiríamos la nota para asegurarnos que era lo que Huenun había dicho y que era exacto en todo sentido. Luego, yo dictaría las palabras de la nota y Margaret lo escribiría, según su costumbre, en un papel de diez por quince centímetros.[18] Margaret encabezó cada hoja con el nombre del informante —en este caso Huenun— con su edad, su hábitat y la fecha de la entrevista. Le dimos un título a la nota de modo de indicar qué información estaba registrada en ella. Si no estábamos de acuerdo, Margaret escribiría la nota tal como yo la dictara, pero indicaría nuestro desacuerdo poniendo una señal sobre el título. Después de que habíamos etiquetado las notas de esta manera, trataríamos de aclararlas con el mismo informante en una próxima entrevista. De no ser posible, lo haríamos con el informante subsiguiente.

Ya habíamos terminado la transcripción de nuestra primera entrevista; Margaret indicó esto mediante marcas en las páginas de su cuaderno. Estando aún Francisca con nosotros, nos pusimos de acuerdo sobre los temas a discutir durante nuestra próxima entrevista con Huenun. Habíamos decidido, también, que era necesario aclarar ciertos detalles con respecto a la información sobre pesca y caza entregada por él, diferíamos en algunos datos. Habíamos clasificado información recolectada en la zona costera como "dudosa" y ahora podríamos cotejarla con Huenun. Otra información la habíamos etiquetado como "incompleta" y por lo tanto necesitaba ser complementada. Además, teníamos muchos temas de los cuales no había nada de información, y la intrigante área de la información comparada. Ahora estaban listos nuestros planes para la próxima entrevista. Francisca dejó su tejido y siguió con otros quehaceres. Margaret y yo nos relajamos. Estuvimos nuevamente de acuerdo en

---

[18] N. del T.: En el texto original se usa el sistema métrico anglosajón; todas las referencias fueron transformadas a sistema métrico decimal.

que Huenun era un buen informante y que nos deberíamos quedar en Panguipulli por un tiempo ya que él estaba ávido de prestar ayuda. Le dije a Margaret, "Me equivocaría mucho si Huenun no viene preparado mañana para contarnos lo que él piensa debe ir en nuestro libro".

Ya era tarde, Margaret y yo salimos a caminar por el pueblo de Panguipulli, en el cual viven mayoritariamente chilenos. Niños que estaban jugando a las bolitas en la calle dejaban su juego para saltar con nosotras. Las madres venían a conversar a través de las rejas que cercaban sus jardines, casas y patios —rejas construidas de ripio volcánico o zarzas de mora. Visitamos tiendas pequeñas —cada una, por lo general, era solo una pieza al costado de una casa que daba a la calle— acompañadas por los niños, compramos galletas para cada uno. Mientras caminábamos de vuelta a casa, escuchamos gritar a un vendedor en la calle, "sandías del país de los picunche" que rápidamente fue seguido por su precio. Nos acercamos a él, seleccionamos varios melones y le pedimos que los fuera a dejar a la Escuela Misional. Más tarde lo hizo, y le pagamos su precio.

Madres que viven a lo largo del camino de regreso al colegio nos entregaron racimos de rabanitos, zanahorias, cebollas y otros vegetales para demostrarnos sus buenos deseos.

En una habitación grande iluminada por una luna brillante, pasamos la tarde con las hermanas y Francisca ayudando y escuchando canciones alemanas, que ellas habían cantado en su adorada tierra natal y que yo había escuchado a mi padre cantar. Varias hermanas aún no sabían nada de sus familias en Europa, a pesar de que la Segunda Guerra Mundial había terminado meses atrás. Ellas esperaban que sus familias hubiesen sobrevivido a las batallas. Rezamos con ellas y nos retiramos. Me pregunté si Huenun estaría de vuelta en la mañana.

CAPÍTULO III

Construcción de una *ruka* y preparación de comida

Era de mañana y ya hora de que Huenun llegara. Mientras lo esperábamos, Margaret fue a la cocina a traer rescoldo, hacía frío. Ella había asumido que en el hornillo de la cocina debía haber abundante rescoldo del utilizado para hornear pan para nuestro desayuno. En la zona costera habíamos comenzado nuestros fuegos con rescoldo invariablemente. Incluso los mapuche compartían rescoldo de sus fogatas entre ellos. Cuando los vientos soplaban desde el Pacífico durante el atardecer y de día hacía mucho frío, y las hermanas habían improvisado una "estufa" para nosotras: carbón de leña ardiente sobre arena que casi llenaba un balde grande. Estábamos agradecidas por el calor que irradiaba el carbón de leña encendido. El borde del balde era el calientapiés de Margaret. Acá, en Panguipulli, podíamos tener calor de una estufa pequeña que, atentamente, Francisca había instalado en la sala de clases. Ella nos dijo: "En la cordillera, las mañanas son frías, así como también las horas de amanecida", mientras apilaba trozos de madera en un montón y otro cerca de la estufa. "Las noches y tardes también son siempre frías una vez que el sol se ha escondido detrás de la Cordillera. Necesitarán fuego la mayor parte del día para estar cómodas; queremos que gocen sus días en Panguipulli". Le expresé mi preocupación porque pensé que el tubo de la estufa, que salía expulsado a través de la parte de arriba de una ventana, remataba muy cerca de la muralla. Francisca miró y nos aseguró que no había peligro de incendio.

Margaret volvió con una pala de fogón llena de rescoldo ardiente. "Aquí están", anunció. "¡Sabía que debía haber rescoldo donde quiera que fuese horneado ese sabroso pan! Y Huenun ha llegado. Lo vi maniatar su caballo". Pronto lo vimos caminar a través del pasillo que conducía a la clase, con sus espuelas golpeando el piso a cada paso. Había notado que cada espuela era simplemente una correa con una pesada rueda de lata dentada amarrada a ella.

En esta mañana, Huenun llegó enojado y ofendido. Después de que había pronunciado sus dichos sobre esos jóvenes mapuche que lo habían reprendido por darnos información acerca de las costumbres de su pueblo, él comenzó: "Ayer en la tarde, un pariente paró en mi *ruka* [vivienda] para pedirme ayuda para construir una *ruka* nueva para su familia. En el área de Panguipulli, encontrarán pocas *ruka* como esas en que todos los mapuche vivían cuando yo era niño, es decir, aquellas hechas con un armazón de árboles completamente superpuestos, techo y murallas, con techo de paja. Pero, encontrarán muchas en Coñaripe. Hoy en día, en Panguipulli, construimos nuestras *ruka* mayormente con planchas de madera que obtenemos de las fábricas madereras en la montaña. Estas fábricas son de propiedad de compañías madereras chileno-argentinas. Nos dan planchas de madera cuando les pedimos, siempre y cuando nosotros tengamos una yunta de bueyes para arrastrarlas de inmediato; otras fábricas nos piden que les paguemos trabajando para ellos con nuestras yuntas de bueyes por unos pocos días.

"Ahora les contaré cómo construimos una *ruka* con techo de paja. También, hoy les quiero contar acerca de nuestras costumbres de alimentación. Cuando le comenté a mi esposa que les había contado sobre la forma de pescar y cazar de los mapuche, ella me dijo que eso no tenía ningún sentido a no ser que les contara cómo eran preparados los peces y la carne, por lo que también les contaré acerca de nuestras comidas. Pero, antes que todo, les quiero contar cómo levantamos una *ruka* con techo de paja". ¡Huenun había venido preparado para guiar la entrevista!

Las *ruka*, nos dijo, generalmente son construidas cuando los copihues [*Lapageria rosea*] están floreciendo. El hombre que desea levantar una *ruka* con techo de paja va al bosque y busca árboles de *pellín*, es decir, árboles que tienen un centro duro —el roble chileno [roble chileno o roble pellín; *Nothofague obliqua*] es uno de ellos. Debido a que los árboles van a formar la estructura de las murallas, cada uno debe tener un gancho. Los mejores árboles para vigas y vigas de amarre son aquellos del ulmo [*Eucryphia cordifolia*]; no solo son de madera dura sino también crecen derechos. También, el hombre trae tallos de colihue, una planta parecida al bambú.

Cuando ya se han reunido los materiales para la estructura, el hombre le comunica el día en que se va a levantar la *ruka* a unos diez o veinte hombres y los invita a venir. Por lo general, estos hombres son vecinos y otros a los que él mismo ha ayudado antes a levantar una *ruka*. Los hombres que son parientes traen a sus familias y comida.

El día fijado para la construcción de la *ruka*, dos hombres son designados para supervisar el trabajo y cada uno selecciona un asistente. "Llamamos al supervisor '*kafu*'y al asistente '*inkafu*'", explicó Huenun. La mitad de los hombres son asignados a cada *kafu*, y reciben órdenes de él. Generalmente, cada *kafu* se siente responsable por levantar la mitad de la *ruka*; sin embargo, todos los hombres trabajan juntos hasta que la *ruka* esté terminada.

Varios hombres, probablemente cinco de cada grupo, son enviados a recoger ratonera [*Hierocloe utriculata]*) —un pasto usado para la techumbre— desde campos pastosos, por lo general, pastizales. Huenun recordó situaciones en que las esposas de un hombre —aunque él pensaba que no era trabajo para mujeres— habían reunido ratonera el día previo al levantamiento de la *ruka*. Él añadió: "Cada planta debe ser arrancada con sus raíces —tallos sin raíces no sirven—y hacerlo es trabajo duro. "De todas maneras, es más fácil trabajar con ratonera cuando esta está verde y húmeda; la *ratonera* recogida el día anterior ya se está secando".

Otros hombres son designados para sacar las hojas y ramas pequeñas de los tallos de colihue; otros comienzan a levantar la estructura de las murallas, poniendo árboles jóvenes de pellín firmemente en el suelo a una distancia unos de otros. Cuando esto está hecho, una línea de tallos de colihue es amarrada a ellos en forma horizontal a unas dos a cuatro manos desde el suelo. Otra línea de tallos de colihue es amarrada a unas cuatro manos sobre la anterior; podría haber una tercera y cuarta línea dependiendo de la altura del pellín. Todas las amarras son hechas con parras.

Mientras algunos hombres levantan la estructura de las murallas, otros amarran retoños juntos para las vigas y vigas de amarre. A medida que cada viga es terminada, esta es elevada y colocada en los ganchos de dos árboles que están uno frente al otro en las murallas contrapuestas, y es amarrada de forma segura ahí. Cuando todas las vigas están en su lugar, el vértice de cada una es amarrada a un madero que termina la armazón del alero. Probablemente dos o tres líneas de tallos de colihue son ahora amarradas en posición horizontal a las vigas, comenzando con el alero a unas cuatro manos de extensión entre una y la otra. Esto completa la estructura.

El empajar comienza por el techo. Racimos de ratonera, con raíces hacia la tierra, son esparcidos en los tallos de colihue en el alero. Luego, por medio de una técnica de enroscamiento, son amarrados entre ellos y a las vigas y tallos de colihue debajo de ellos. Para evitar que la ratonera cambie de posición, una línea de tallos de colihue es colocada en forma horizontal sobre ella, a una distancia de una mano de los aleros y amarrada a las vigas por debajo. Una segunda hilera de *ratonera* es colocada de modo que se superponga a la primera, y es amarrada de la misma manera para que quede en su posición. Hileras sucesivas son puestas y amarradas hasta que el techo quede completamente cubierto con ratonera. Huenun se aseguró de que comprendiéramos que las raíces de toda la ratonera deben estar hacia la tierra y que cada capa debe sobreponerse sobre la que está más abajo: "Si eres descuidado con esto, tu techo no repelerá la lluvia en forma apropiada: tendrás lluvia entrando por ahí, aquí y allá. Les estoy contando cómo construir una *ruka* de la manera correcta".

Las murallas son luego empajadas de la misma manera que el techo. Una *ruka* empajada tiene una o dos entradas, pero no tiene ventanas ni chimenea. El humo es emanado a través de aberturas dejadas en las murallas en el socarrén y/o a través de sectores de la muralla donde la *ratonera* se deja delgada. La elección de la muralla depende de los vientos dominantes. El piso es de tierra descubierto. "En la noche y en clima frío, estos pisos están siempre calientes. Nuestras chimeneas —en verdad son hoyos en la tierra— nunca están sin rescoldo ardiente o fuego y estos calientan el piso de la *ruka*", añadió Huenun.

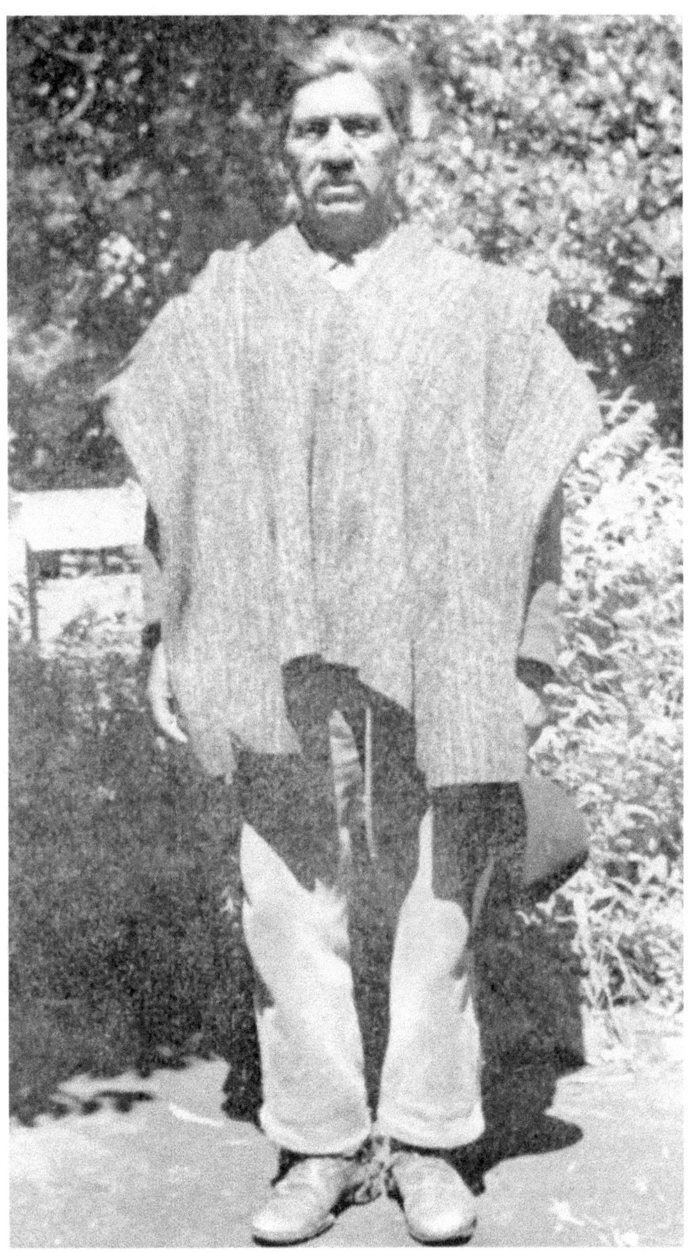

Huenun Ñamku, "Águila que vuela alto".

Mariañuke, esposa de Huenun, vestida con el traje tradicional mapuche y joyas de plata.

Padre Sigisfredo, sacerdote capuchino alemán que ha vivido más de cincuenta años entre los mapuche de los Andes. Fue el padre Sigisfredo quien organizó el encuentro entre la autora y Huenun Ñamku.

Una vez que la *ruka* está terminada —su construcción puede tomar gran parte del día— las mujeres están listas para servir un abundante plato de carne de carnero asada y trigo tostado, un ágape que es parte del acontecimiento de construir una *ruka,* así como también lo son ciertas actuaciones lúdicas y beber en exceso. Huenun describió estas actividades. Después de que la *ruka* está terminada, los dos *inkafu* vienen al frente y simulan una gran pelea entre ellos. Luego, se van a preparar para su presentación. Cada uno se hace una máscara con una pieza de poncho viejo, con aberturas en los ojos y boca, que se mantiene en su posición por medio de una banda tejida y amarrada en torno a la cabeza. A un extremo de una cinta adherida a la máscara, hay un pito hecho de una parte de un hueso de pata de oveja. A medida que cada *inkafu* hace su aparición, sostiene un tambor bajo su brazo o bien colgado de su hombro de un tirante. El tambor está hecho de una parte de un tronco ahuecado con sus extremos cubiertos de cuero de caballo, se mantiene tirante por una correa amarrada en hoyos cortados a lo largo del borde del cuero. Plumas de un ave parecida al avestruz, hojas de canela y flores de copihue decoran el tambor. Huenun insistió en que las *ruka* son construidas generalmente cuando los copihue están en floración.

Cada inkafu toca un ritmo en su tambor con un palillo y sopla su pito al mismo ritmo. Huenun hizo una pantomima, sosteniendo el palillo del tambor en una mano y el pito en la otra. Todos cantan. "Aquí está la canción que cantamos", dijo al momento de entregarme un papel en el cual había escrito la canción. La cantó en mapudungun: "*Ayünnellulai reihue ruka tu ülmen, kuche mañagua, nerkeofun knoafun, taüpupülli ruka, antu mañagua, nerkeafun kona. Fun taüpupülli ruka, chalilmeaufinüui, señoria piñone, kaita ulmén, en mai pen*". Él la tradujo: "Esta *ruka* vacía del hombre, ahora rico, es muy bonita. Si tuviese todas las cosas de la luna para su *ruka*, bajo esta tierra, y si yo tuviese todas las cosas del sol para ella, todas irían a esta *ruka* en esta tierra acá abajo, como un regalo para las mujeres de este hombre que es rico ahora".

Después de esta canción, todos se sientan a comer hasta saciarse de la carne de carnero asada y trigo tostado. A continuación de la comida, todos los hombres toman chicha, más allá de la saciedad. "Esa es nuestra costumbre. Algunos toman tanto que ni siquiera sobrios al día siguiente", declaró Huenun. "Y el hombre que no toma hasta intoxicarse en tal ocasión, como es la construcción de una *ruka*, no es un verdadero hombre". Margaret le dijo que ella pensaba que en ese caso no había ningún hombre verdadero. Miró a Margaret con su mirada penetrante y levantó sus cejas frondosas hacia adelante —siempre estaba intrigado con lo que Margaret tenía que decir— y dijo: "Ella habla rara vez, pero cuando lo hace, es significativo".

Ahora nos tomamos un tiempo libre para almorzar. El postre de Huenun fue sandía. "Todos los mapuche disfrutan las sandías, Huenun estará dichoso con estas", dijo Francisca a medida que las colocaba delante de él. Margaret y yo disfrutamos un postre de empalagosas moras silvestres, endulzadas con azúcar cruda. Tuvimos crema y pan horneado en casa. Nuestro bebestible fue té hecho de hojas de rosas silvestres. Después de que habíamos comido, Huenun durmió siesta en el pasto cerca de su caballo que estaba pastando. Cuando terminó su siesta, volvimos al trabajo.

Huenun comenzó: "Ahora quiero contarles acerca de algunos de nuestros hábitos de alimentación. Una comida favorita es *funa poñü*. A los chilenos también les gusta, pero ellos lo denominan *papa funa* —ambos términos significan "papas fermentadas". Continuó diciendo que un día de otoño, tan pronto como las papas están totalmente maduras, los hombres de una familia van a buscar un lugar en el cual fermentar las reservas de papas de la familia. Buscan un lugar cerca de un arroyo que fluya rápido, pero no tan rápido. En este lugar, ellos desvían el agua y cavan un hoyo. Un hoyo cúbico estará bien, pero Huenun prefiere uno cilíndrico con una profundidad igual a su diámetro. El tamaño del hoyo depende de la cantidad de papas que la familia desea fermentar. Huenun había fermentado hasta tres sacos llenos al mismo tiempo. La parte inferior y los lados del hoyo son forrados completamente con capas de hojas de helechos grandes —estos crecen en todos los lugares húmedos del territorio mapuche— o con hojas de maqui [*Aristotelia maqui]*). Se prefieren el helecho y el maqui porque no transmiten ningún sabor a las papas a diferencia de otras plantas que sí lo hacen. Huenun mismo prefería los helechos porque con ellos él podía cubrir cada espacio de la tierra, algo difícil de hacer con las hojas de maqui.

Una vez lavadas las papas para sacarles toda la tierra, son tiradas al hoyo hasta que esté completamente lleno. Luego, los tubérculos son cubiertos con una capa gruesa de helechos o maqui y todo esto es aplastado hacia abajo con piedras tan pesadas como un hombre pueda acarrear. Las piedras, también, son lavadas de modo que ningún sabor a tierra o estiércol pudiese penetrar a las papas.

Ahora al arroyo se le permite reanudar su flujo normal, pero de tal forma que el agua pase sobre el hoyo. "Quédense hasta que vean el agua subir entre los helechos e inundarlos, porque entonces sabrán que cada papa está en el agua y que la espuma que sube hasta la parte superior será arrastrada. Ahora se pueden ir a casa, pero de vez en cuando deben ir a ver si el agua aún está fluyendo. Después de que la misma fase de la luna que había cuando las papas fueron puestas haya venido y se haya ido dos veces, es tiempo de cavar y sacar una o dos papas para revisar cómo ha progresado el proceso de fermentación. Las papas están listas para comerse cuando definitivamente están harinosas y no más acuosas. Sin embargo, ellas pueden ser dejadas bajo el agua hasta la próxima luna. Cuando ya están listas para comer, decimos que están *chuño* o *lip poñü*; entonces están deliciosas". Los no-mapuche decían que las papas fermentadas olían muy mal y se tapaban las narices con solo mencionarlas. Las papas fermentadas son sacadas del hoyo a medida que se necesitan, pero con precaución porque sacarlas bruscamente provoca que se abran. Antes de ser llevadas a casa, son lavadas para limpiarlas de légamo y tierra, por si se hubiese juntado tierra en ellas. Para comidas habituales, estas son hervidas en agua limpia, pero si se desea más finura, estas se hierven en agua azucarada o en agua con sal. Papas dulces o saladas se dejan tendidas alrededor de la ruka y cualquiera que tenga hambre se puede comer algunas. "*Funa poñü* es una forma mapuche muy vieja de preparar las papas", comentó Huenun. "Los chilenos que las preparan de esta forma la han aprendido de los mapuche".

Anteriormente, se usaba miel de abejas silvestres para endulzarlas, pero hoy se usa tanto miel como azúcar. Huenun recordó haber escuchado a gente mayor decir, cuando era aún un niño, que antes de que las abejas aparecieran en el área no había ninguna forma de endulzar la comida. En ese tiempo, los niños buscaban dulce en nidos de *yiulliñ* [una especie de avispa], que podían encontrarse cerca de las raíces de árboles podridos o troncos de árboles caídos y podridos. "Encontraríamos estos nidos y succionaríamos el dulce que había en ellos. Yo mismo hice esto a menudo. Observaríamos al *yiulliñ* para ver dónde volaba después de recolectar el dulce de la flor de los árboles y plantas. Avanzada la estación nos entreteníamos sentándonos tranquilamente cerca de un nido y observando al *yiulliñ* picar a moscas grandes que aparecían entonces. Estas moscas también trataban de obtener algo dulce. Una mosca daría muchas vueltas en rededor para engañar al *yiulliñ*, pero este al final la picaría, y la picada del *yiullïñ* es vil. Entonces, la pobre mosca se iría con una picada, ¡pero nada de miel!

"Sin embargo, cuando yo era niño, ya recolectábamos miel de las colmenas de abejas silvestres que las tenían en árboles ahuecados. Mi abuelo decía que las abejas debían haber venido de algún otro país a nuestro territorio. Cuando necesitábamos miel, buscábamos un árbol ahuecado en el cual las abejas estuvieran moviéndose hacia adentro y afuera; sabíamos que encontraríamos miel ahí. Prendíamos una fogata cerca del árbol para espantarlas con el humo; el humo no mataba a las abejas, pero sí las descarriaba y las mantenía alejadas mientras sacábamos la miel. Una vez que las abejas se habían ido, cortábamos el árbol y sacábamos la miel del tronco. Las abejas encontrarían otro árbol ahuecado en el cual depositar su miel y solo volverían a su vieja colmena para recuperar la miel que no habíamos robado".

La sal se obtenía de lugares al otro lado de la Cordillera, donde se sabía que se recogía de la superficie de la tierra. "Allá íbamos a caballo", dijo Huenun. "Cada hombre llevaba varios caballos con él para traer una provisión de vuelta".

Se hacía tarde y yo sabía que Huenun se tendría que ir a casa pronto. Aún no nos contaba cómo preparar el pescado y la carne como comida. Pensé que su esposa estaría encantada de escuchar que lo había hecho y quería guiarlo para que nos contara, pero Francisca me aconsejó lo contrario. "Él lo interpretará como si tú estuvieses desluciendo su habilidad para hacer un buen trabajo. Déjalo que continúe, de lo contrario, ¡su orgullo estará herido!".

Continuó diciendo que otra comida básica durante su infancia era el grano silvestre que crecía en abundancia en su territorio, pero que ahora ha sido reemplazado por el grano doméstico., mayoritariamente trigo. "Me gustaría traerles muestras de ese grano silvestre, pero no sé dónde encontrar alguno. El ganado los ha erradicado de aquí con su pastoreo; en Coñaripe, a lo mejor, pueden encontrar algunos. Dado que jamás había escuchado el nombre chileno de estos granos silvestres, pienso que los chilenos nunca los usaron como comida. [También nosotros clasificábamos como rasgos culturales prestados, aquellos a los cuales no les encontrábamos palabras nativas]. De niño, ayudaba a mi abuela a arrancar las espigas de los tallos y trillarlos con nuestros pies —actualmente, trillamos nuestro trigo de esta manera cuando el abastecimiento se acaba antes de que la nueva cosecha haya sido desgranada. Esparcimos las espigas de grano silvestre al sol en tierra dura, y en la noche bailamos sobre ellas al son de una canción que todos cantan. A los niños bien altos [su gesto indicaba que tenían nueve o diez años probablemente] se les permite bailar; cuando yo era niño a menudo lo hacía. Todos hacen turnos para bailar hasta que están cansados. Cantamos: 'Golpeen, mis pies, tú y el jilguero, quiebren estas costillas'. El jilguero es un pájaro. Y bailamos así [taconeó sus pies dos pasos hacia adelante, tres pasos hacia atrás, y luego dio un paso largo hacia adelante].

"Hoy en día, mi esposa muele el trigo en harina como las mujeres siempre lo han hecho, en una piedra para moler usando un mortero", añadió Huenun. Sin embargo, él tenía gran parte de su campo de trigo en una de las dos fábricas de harina en el pueblo de Panguipulli. Continuó diciendo, "Cada mujer mayor posee una piedra para moler; en ocasiones, las mujeres jóvenes pueden ser vistas buscando estas piedras en aguas poco profundas del Thawal, un río que fluye a través de Trakapulli. Piedras con forma de piedras para moler bajan de ese río". Él pensaba que la acción del agua les había dado esa forma y que no había nada misterioso en ello.

Hablar de piedras para moler, lo hizo pensar en muchas de ellas que habían sido excavadas en bosques cercanos mientras los chilenos habían estado cavando en el área. Huenun dijo que ellos encontraron cerámica, vasijas, piedras para moler y morteros. Las piedras para moler y los morteros tenían exactamente la misma forma que la usada por su gente hoy en día, pero la cerámica y las vasijas eran muy diferentes. "Gente debió haber vivido acá antes de que los árboles crecieran en estos bosques, porque de qué otra forma estas cosas pudieron ser encontradas a tanta profundidad en la tierra, mucho más abajo que las raíces de estos árboles", él razonó. "¿Les han contado si vivió gente aquí antes de que lo hicieran los mapuche?", él preguntó. Nosotras sí habíamos visto cerámica prehistórica en el hogar de un chileno de descendencia alemana en San José de la Mariquina, un pueblo chileno en territorio mapuche.

Hablar de cerámica, a Huenun le recordaba los platos que se usaban cuando él era niño: platos de madera, cucharas de madera y tazas hechas de cuernos. Huenun dijo, "Rara vez uno ve un plato de madera en estos días, pero en muchas *rukas* pueden encontrarse cucharas y tazas de cuernos". Él había ayudado a su tío a hacer tazas y cucharas de cuernos, así que continuó contando acerca de eso. Tan pronto como un buey estaba muerto, su tío extraía los cuernos incluyendo sus raíces, y los limpiaba minuciosamente. Si eran tazas las que quería hacer, él cortaba la punta de un cuerno y la desechaba; el resto lo cortaba en pedazos de los largos deseados; el largo de cada uno dependiendo del tamaño de la taza. Por lo general, no se podían hacer más de tres tazas por cuerno. El extremo más angosto de cada pedazo era tapado con un corcho de madera. (Vimos tazas hechas con cuernos en las tiendas del pueblo y eran usadas para medir unidades. Líquidos, como el aceite, y alimentos secos, como porotos y arvejas). Si se necesitaban cucharas, su tío hervía un cuerno en agua o lo quemaba en cenizas en una hoguera, muy cerca del fuego hasta que estuviese maleable. Luego lo aplanaba y esculpía cucharas de distintos tamaños. Huenun había visto solo cuchillos de acero para cortar. "He tratado, a menudo, de averiguar con nuestra gente mayor qué se usaba anteriormente para cortar un puma o cualquier otro animal, pero nadie parece acordarse", dijo Huenun.

Siguió contando cómo su gente tostaba el trigo. Antiguamente era usada una *lupe*, pieza de cerámica especializada. La *lupe* se colocaba en posición inclinada, se ponía el trigo en ella y se agregaban cenizas calientes. El trigo y las cenizas se revolvían con dos cucharas de madera. A medida que el trigo se tostaba, se iba poniendo más liviano que la arena. Debido a la posición empinada de la *lupe*, el trigo se separaba y quedaba libre de partículas o granos. Hoy en día, el trigo es tostado en ollas descubiertas sobre el fuego, generalmente al aire libre, y es revuelto continuamente para evitar que se queme. Vimos a niños tostándolo de esta manera en la escuela.

Huenun continuó: "Les he contado cómo pescamos y ahora les quiero contar cómo preparamos los pescados para comer. Ya es tarde así que no tendré tiempo para contarles cómo preparamos la carne, pero de todas maneras no hay mucho que decir sobre ello. Una forma es girar un poste o vara con lonjas de carne —se ve como un tornillo cuando está en el poste— y sostenerlo sobre el fuego hasta que la carne esté asada. Se requieren dos personas para asarla de esta manera; una sostiene un extremo de la vara y la otra el otro extremo. Ambas personas se mantienen dando vueltas el poste de modo de asar la carne por todos lados". (Un verdadero asado, pensó Margaret). "A veces", añadió Huenun, "las mujeres cortan la carne en pedazos pequeños y los cocinan como estofado en una olla. Es decisión de ellas cómo preparar la carne para una comida en particular.

"Pero les quiero contar cómo preparamos el pescado. Digamos que varios hombres recién han pescado *kauke* y que cada uno tiene tantos como necesita. Cada hombre limpia el excremento de su abdomen, remueve las vísceras y lava las cavidades. En casa, le corta la cabeza y le quita la piel. Luego, la mujer decide cómo preparar los pescados: ella puede cocinarlos en una olla con un poco de sal, o puede asarlos". Si van a ser asados, la mujer raspa el forro abdominal con una mezcla de sal y ají [*Capsicum annuum*], y o pone el pescado directamente en brasas calientes en una hoguera, o los pincha en palos a través de sus espaldas y los sostiene directamente sobre las llamas. Los pescados se comen solo cuando están bien cocidos, pero los huevos de pescado se comen crudos.

Huenun continuó: "Ahora, puede suceder que los hombres decidan asar el pescado mientras estén pescando —a veces están hambrientos porque no han hecho una comida completa ese día. En tiempos pasados, comíamos una comida fuerte entre el amanecer y el crepúsculo que era servida cuando fuera que toda la comida estuviese lista. Cualquiera que estuviese hambriento a la hora de acostarse, comía las sobras". Después volvió al pescado: "Cada hombre prepara uno o dos pescados en la forma que acabo de contarles, es decir, pincha un palo a través de la espalda del pescado y entierra el palo en posición inclinada cerca del fuego. Los hombres continúan pescando, pero observan de cerca a los pescados que se están asando. Tan pronto como se dan cuenta de que las cabezas y pieles se caen, saben que los pescados están listos para comer". Huenun no había escuchado que su gente horneaba el pescado enrollándolo en hojas grandes, ocultándolos y luego prendiendo fuego sobre ellos. Nosotros habíamos conocido jóvenes chilenos de vacaciones a lo largo de los arroyos, que estaban haciendo esto.

Huenun había visto a hombres prender fuego por fricción. Para prender un fuego de esta manera, un hombre rebanaba una parte de un tallo de colihue por la mitad, ponía una mitad plana en el suelo y perforaba una ranura en su punto medio, y con ambas manos giraba el tallo de un rosal en la ranura. El extremo más bajo del tallo de rosal es redondeado, y debe ser diez veces el largo desde la punta del dedo pulgar al nudillo. Si es más largo o corto que esto, la fricción no será suficiente para producir chispas. El tallo de colihue puede tener cualquier longitud. El hongo que se encuentra en los troncos de colihue [*Nothofagus dombeyi*] es lo mejor como mecha; y es colocado cerca del punto de fricción.

Gente mayor le había contado a Huenun que antiguamente había años en que la tierra no producía suficiente alimento básico para alimentar a las personas. "Escuché a gente muy mayor decir que en esos tiempos algunos mapuche perdieron su entendimiento por hambre y comían la carne de aquellos que ya habían muerto de inanición. Pero la tierra, por lo general, produce alimentos que pueden ser comidos. Si deben hacerlo, las personas pueden comer flores deshidratadas de notro (*Embothrium coccineum*) y alverjana (*Vicia nigricans*) cocidas y tallos energéticos del helecho. El centro del colihue podrido también se puede comer. Luego añadió: "Cada cincuenta años aproximadamente, tenemos un año de hambruna". Vendrá uno pronto, está profetizado; los diarios dicen lo mismo, y aquellos que tienen conocimientos por sueños también están de acuerdo. Los *huincas* [no-mapuche] también lo dicen. Pero, en realidad, no hemos tenido un año de abundancia por mucho, mucho tiempo. Creo que deberíamos llamar a un *nguillatun* pronto —*nguillatun* es nuestro ceremonial religioso. Si no lo hacemos, tendremos años peores que el que está pronosticado. En verdad, los años malos ya han comenzado: los insectos que vienen desde el norte ya se están comiendo las raíces del trigo. Peor que el insecto es el gorgojo, un gusano que se come el corazón mismo de las semillas de trigo. Otro tipo de gusano, uno negro, se está comiendo la producción de nuestros jardines. ¡Debemos celebrar un *nguillatun*! A pesar de que ahora soy cristiano, aún tengo mucha fe en nuestra propia religión y quiero ser responsable de dirigir el *nguillatun* solo una vez más". Se sentó en silencio como si estuviese teniendo pensamientos lejanos. "Y eso es todo por hoy", dijo tristemente.

Hoy le ofrecimos una cantidad de sandías. Estaba muy contento y nos dijo que era la mejor paga que podíamos haberle dado —su esposa e hijos estarían muy contentos cuando las vieran. Trató de esconderlas en las alforjas para sorprenderlos, pero tenía que llevar dos melones grandes con él en su montura. "Mañana ayudaré a mi pariente a construir su *ruka*, y al día siguiente estaré de vuelta acá. ¡Hasta luego! ¡Adiós!" gritó mientras cabalgaba a través de la reja.

"¡Adiós, Huenun! ¡Adiós!".

CAPÍTULO IV

Tradiciones, cantos y adivinanzas

Eran las tres de la tarde y Huenun aún no había llegado. Debido a que él no había fallado en venir a la hora acordada para nuestras entrevistas previas, Margaret pensó que a lo mejor esos jóvenes mapuche lo habían influenciado y que no lo veríamos nuevamente. Comenzamos a hablar sobre mudarnos a los valles más altos de los Andes donde viven los mapuche menos aculturados.

Las notas ya habían sido transcritas en el cuaderno de Margaret, y aquellas que necesitaban revisión estaban indicadas y clasificadas adecuadamente en grupos. Escribimos una nota adicional, una sobre *koyagtun*. El *koyagtun* es una expresión formal de cortesía extendida por los mapuche a su llegada a un hogar o cuando conocen accidentalmente a alguien en la calle. Francisca y las hermanas de la Escuela Misional se habían asegurado de que nosotros supiéramos cómo realizarlo porque dijeron que necesitábamos saber la manera adecuada y aceptable de reunirse con los mapuche. Nos habían dado el mismo consejo las hermanas de la zona costera. Para mí, el *koyagtun* era importante como la manera adecuada de hacer contactos.

Francisca nos contó que había dos cosas que nunca deberíamos omitir, porque omitirlas era un insulto directo y un acto de descortesía casi imperdonable. El primero era darle la mano a cada hombre, mujer y niño, incluyendo bebés fajados en pañales que venían a vernos o a quienes conocíamos en el camino, o a quienes encontrábamos a nuestra llegada a una *ruka*. La segunda era nunca omitir el *koyagtun*. Entre Huenun y nosotras, el *koyagtun* se llevaba a cabo de esta manera: "Nos dábamos la mano, Huenun preguntaba "¿Cómo has estado?" yo le respondía. Él preguntaba "¿Cómo está tu familia en América del Norte?" yo contestaba. "¿Cómo está la gente en su país?" yo respondía a mi entender. "¿Cómo son los indígenas allá?" le respondí también —intenté hacer una suposición justa a todo evento. "¿Cómo están las hermanas con quienes se están quedando aquí?" le contestaba nuevamente.

Ahora era mi turno. "¿Cómo ha estado usted, señor Huenun?", él respondía. "¿Cómo está su familia?", él contestaba. "¿Y cómo están sus parientes?", él respondía. Y así continuábamos. Después se dio vueltas hacia Margaret —a la cual ya le había dado la mano— y le hizo casi las mismas preguntas que me había hecho a mí. Ella le respondió a cada una de ellas. Sin embargo, debido a que ya había escuchado mis preguntas y sus respuestas con respecto a él y su familia, y debido a que las preguntas de ella no serían diferentes, no se esperaba que ella le pidiera repetir la información respecto a su gente. Este *koyagtun* se realizó a la llegada de Huenun.

Fuimos a comer una vez que la presentación del *koyagtun* fue registrada como última nota. Después de nuestra siesta, tomamos *Kaffee* y *Butterbrot* con mermelada. Luego, nos sentamos a planificar nuestros planes para mudarnos a Coñaripe. Después de todo, era allá donde el obispo Guido Beck nos había contado que encontraríamos intactas las viejas costumbres. Él había pasado casi cincuenta años entre los mapuche y conocía todas las áreas en las cuales ellos vivían. Nuestra ruta a Coñaripe, de acuerdo con el mapa, nos guiaba a través del lago Panguipulli y luego sobre una extensión de tierra a lo largo del pie del volcán Choshuenco hasta Calafquén. Calafquén aparecía como un pueblo. Desde ahí, podríamos ya sea cruzar el lago Calafquén en *vapor* u orillar el lago en una carreta de bueyes, o probablemente en un camión cargado de madera —al parecer había un camino señalado, así como también un sendero para carretas de bueyes. Se nos había dicho que un vapor, transportando un lancho vacío, navegaba casi diariamente en busca de madera desde Calafquén a Coñaripe. También, que en Calafquén había otra Escuela Misional y que las hermanas nos alojarían allá y nos ilustrarían acerca de la mejor manera de proceder. Decidimos discutir nuestros planes con el padre Sigisfredo. Él nos había dicho que hablaría con las hermanas tanto en Calafquén como en Coñaripe sobre el día aproximado de nuestra llegada a cada lugar una vez que hubiésemos acordado dejar Panguipulli.

Justo cuando habíamos decidido hacer esto, llegó Huenun. Él estaba más que un poquito borracho. Estaba demasiado alegre. "Prepárense para obtener más información", nos gritó. Me volví hacia Margaret y le dije, "¡Esta información, Maggie, será notable!". En todo momento, la palabra "notable" era una clave para ella, en cualquier frase que yo la pronunciaba significaba que yo dudaba de la exactitud de la información —era una clave para que colocara un signo de interrogación delante de cualquier nota. Al transcribirla, el signo de interrogación nos advertía que la información tenía que ser verificada. Ahora, ella sabía que toda la información entregada por Huenun en este día, debía ser verificada.

Bien, ¡aquí estaba! Aquí estaba Huenun. ¡Demasiada chicha! La *ruka* había sido construida, y el día había terminado como terminan todos los días cuando una *ruka* es construida —con una borrachera de chicha, una borrachera que duraba mientras hubiese chicha, a veces a lo largo de toda la noche e incluso al día siguiente. Él voluntariamente ofreció información de inmediato. No había necesidad de guiarlo. Después de relatar una cantidad de incidentes divertidos durante el día de la construcción de la *ruka*, nos contó sobre un hombre —uno que también había ayudado a levantar la *ruka*— cuya manera de vestirse era tan anticuada que aún estaba usando chiripa, pantalones tradicionales usados por los hombres —una pieza rectangular de tela tejida en casa conocida como *chamall*. "Él era un retrato de tiempos antiguos —¡ese hombre lo era! Si lo hubiesen visto, ¡habrían visto una costumbre antigua!". Y se mató de la risa, moviendo su cabeza hacia adelante y hacia atrás. "Y así es cómo una chiripa se usa". Su poncho estaba sobre sus hombros y su cabeza. "Tendrán que usar su imaginación y pensar que este poncho es un *chamall*. Me debo disculpar con ustedes por no usar *chamall* sino solo este poncho; pero las mujeres tejen ponchos y *chamall* muy semejantes. A estas alturas, nos dio la mano diciendo que había olvidado hacerlo, y se disculpó. Obviamente olvidó el *koyagtun*.

Margaret dijo en un tono de voz bajo, "A pesar de lo borracho que está, no se olvida de sus cortesías". Habiendo terminado de darnos la mano, colocó uno de los lados largos de su poncho alrededor de sí mismo, un poquito sobre la cintura, dobló sus extremos uno sobre el otro por adelante y dijo, "Ahora debería asegurarlo aquí (en la cintura) con un *chamallwe* [cinturón]; pero no tengo ninguno". Caminó a un escritorio donde estaban nuestras cajas y libros, su poncho arrastrándose detrás de él como un tren, y sacó un cordel y dijo, "usaré este cordel en vez de un cinturón". Luego tiró el extremo inferior del poncho desde atrás hacia adelante por entre sus piernas, lo llevó a su cintura y se lo recogió bajo el cordel. "¡Ahí! Eso es todo, ahora tienen una *chiripa*. A veces, un *lonko* usaba un *chamall* y lo dejaba caer como una falda, pero más frecuentemente lo usaba en hechura de *chiripa*. Mi abuelo nunca usó pantalones como lo hacemos hoy en día; él usó *chiripa* hasta su muerte; de hecho, se murió con uno. Exactamente, ¡con eso murió! La chiripa llegó a nosotros desde Argentina. A lo mejor, por eso es por lo que algunos de nuestros *lonko* nunca usaron un *chamall* como *chiripa*, y lo usaban como una falda. En Argentina, los hombres tienen que cabalgar mucho y es más fácil hacerlo en *chiripa* que en un *chamall* tipo falda. Para los hombres mapuche, una cosa jamás ha cambiado: todos los hombres mapuche han usado siempre un poncho".

Parte de la presentación de Huenun esta tarde consistió en cantar canciones en mapudungun. Contó acerca de cada canción, la cantó y la tradujo. Él dijo, "Antes de que un hombre cante esta canción, él cuenta cómo se originó. Y esto es lo que dice: un hombre está descansando en el suelo. Se queda dormido y sueña que ve un pájaro en lo alto del cielo. El pájaro da vueltas alrededor, luego se precipita hacia él y le dice, 'Da vueltas alrededor unas pocas veces más con tu caballo, tío *kalkin*'. Cuenta sobre divulgar noticias señalando con fuego y sobre maniobras hechas por hombres a caballo". Él explicó después que el *kalkin*, el *mañke* [cóndor], y el *ñamku* [águila] son tres pájaros importantes —de hecho, son los pájaros más importantes— que están realmente relacionados entre ellos y son muy buenos amigos. El *kalkin* es el más antiguo; él es el tío del *ñamku* y el *mañke*. El *kalkin* es también un pájaro importante en Argentina. "De hecho", el continuó diciendo, "He escuchado que es el más importante allá. Y ahora cantaré la canción. En verdad es una cantada por los mapuche argentinos. Aquí está la canción (él la escribió en mapudungun y castellano en el cuaderno de Margaret y luego la cantó en mapudungun):

> *¿Por qué, mi* ñamku, *no me abrirás y me dejarás volar para obtener la noticia? Mira, el fuego está arrastrándose a lo largo en las alturas de la Cordillera. A los pies de los cerros también hay un fuego ardiendo. ¿Qué noticia puede ser esa? ¿Qué noticia puede ser,* mañke? *¿Noticia? Irás donde* kalkin, *tu tío, el que vive a un día de aquí en la parte más alta de las rocas. Entonces sabrás la noticia: la noticia que el fuego está contando. Darías unas pocas vueltas más con tu caballo. ¡Oh, nuestro tío* kalkin!

"Y ahora cantaré dos canciones como las cantan los mapuche a nuestro lado de la Cordillera". Tradujo cada una de ellas. Su primera canción:

> *Arriba en el cerro, en medio del cerro, vuela mi* ñamku. *¿Qué noticias me contará, este mi* ñamku*? Él da vueltas rápido con su caballo. Arriba en el cerro, en medio del cerro, mi* ñamku, *mi* ñamku. *Ven con algunas noticias. Arriba en el cerro, en medio del cerro. Él viene a hacer fuego. Sí, arriba en el cerro, en medio del cerro. ¿Qué noticia será esa que* ñamku *me trae?*
> Su segunda canción:
> *Nuestro* kalkin *vive. ¡Escuchen! El* mañke *se posa sobre las rocas en su dominio. Él sabe que las noticias vendrán. Ellas vienen a hacer fuego arriba en el cerro, en medio del cerro, de modo que el* kalkin *lo vea; él, el único que está viviendo allá arriba, nuestro* kalkin. *¡Escuchen! Él se posa allá arriba en la cima de esa roca —ese es su dominio— a fin de que su caballo le traiga la noticia que viene con fuego arriba en las montañas. Y así la noticia le llega a* kalkin.
> A continuación, otra como es cantada por los mapuche argentinos:
> *Hice que mi caballo corriera, sobrino, la cría vieja. Dio un paso en falso a la izquierda, como un caballo común. Ellos vienen, ellos vienen, aquellos desde el sur* (él intervino, "*Ellos son los* huilliche"). *Ellos vienen, ellos vienen, traen noticias del fuego. Ellos vienen a quemar. Yo tengo un hijo pequeño, lo suficientemente grande como para venir a caballo por sí solo. Ven, yo te doy cualquier cosa que pidas: si deseas una pieza de* chamall *o un gorro fino, te lo daré".*

A estas alturas, le pregunté si su esposa alguna vez cantaba canciones. "¿Ella?" Huenun se rio entre dientes. "Ella canta para sí misma cuando trabaja en la casa, pero (con algo de menosprecio) yo nunca la escucho cantar". Él después cantó una canción en castellano que las mujeres mapuche cantan como pasatiempo —una aprendida de los chilenos. Él explicó que la canción contaba acerca de una mujer que ignoró a un hombre llamado Vicente. El hombre había venido a pedirle a sus padres que la dejaran casarse con él. El hombre se fue decepcionado. Entonces, trabajó duro para olvidar su dolor y acumuló bienes. Ella vivió en la pobreza. Más adelante, ella compuso la canción. Huenun dijo, "Ahora la cantaré: *'Vamos a este lugar', así dijo Vicente. 'En este lugar seremos felices. Allá seremos respetados y nos haremos seres humanos representativos´*. (Él explicó que esto significaba que ellos tendrían propiedad allá). *Así dijo Vicente. ´Entonces cerré mi corazón a él, y ahora tengo gran pesar en esta tierra. Pero si voy a Vicente, estaré feliz'* Esta canción la puede cantar una persona o muchas. Quien quiera aprender cualquier canción, lo puede hacer cantando con otros que la cantan". Enseguida continuó: "Aquí hay una canción en mapuche, una cantada por un hombre joven que quiere casarse con una niña: *'Te digo, hermana, que seríamos felices si estuviéramos casados'.* 'Y eso es todo lo que esta canción dice. No hay mucho sentimiento expresado en ella".

A continuación de esto, le pedí que nos contara una adivinanza mapuche. "Aquí hay una", él respondió prontamente. "Yo veo algo. Adivinen qué es". La respuesta era "Un árbol de Eucalipto". Él podía ver uno a través de la ventana. "Aquí hay otra: ¿En qué estoy pensando?" La respuesta era "Que podía llover".

Debido a que él no parecía entender el significado de la palabra "adivinanza", le dije, "Yo le haré una, Huenun, una que estaba en un libro alemán que usábamos en el colegio cuando yo era niña. Aquí va: *"Panz in Panz, sieben Bein, und einen Schwantz, Was ist es?"* (Francisca la tradujo al castellano: Vientre en vientre, siete piernas, y una cola. ¿Qué es?).

Se rio fuerte, de hecho, a más no poder, tanto que lágrimas cayeron por sus mejillas. Él dijo, "Lo que sea, ¡debería tener otra pierna!". La respuesta es "Un gato en una tetera de tres patas".

Él había comprendido ahora. Y dijo: "Los mapuche no tienen adivinanzas". "Los chilenos sí. Aquí hay una que escuché a un hombre chileno preguntar: '¿Qué sale de una casa y no vuelve a entrar?' La respuesta es "humo".

El sol estaba a punto de hundirse detrás de la Cordillera. Lo apuramos para que partiera a casa. Una bolsa de yerba mate [té de Paraguay] fue su pago este día. Lo invitamos a volver otro día. "Mañana no puedo venir, pero estaré de vuelta pasado mañana. Jerónimo, mi hijo, está enfermo. El herbolario que lo está tratando quiere algo de agua medicinal que se encuentra en un fundo y debo ir al fundo a buscarla. ¡Adiós! ¡Adiós!".

"¡Adiós, Huenun! ¡Que Dios esté contigo y te lleve a casa en forma segura!", le contesté. Margaret y yo nos miramos. Estábamos agregando datos a nuestro perfil de Huenun.

CAPÍTULO V

Conocimiento y prácticas curativas

Huenun llegó antes de la hora señalada esta mañana. Debido a que el sol no estaba brillando, él había supuesto la hora del día. Parecía avergonzado, pero no hizo ninguna referencia a su conducta de dos días atrás. Sin embargo, sí se disculpó por los rasguños en su cara y en una de sus orejas y luego se miró al espejo, uno pequeño que cabía en la palma de su mano. Explicó que se había caído en un arbusto de zarzas y agregó que desearía que los rasguños no estuviesen ahí.

"¿Cómo está Jerónimo?" le pregunté como una última pregunta del *koyagtun*.

"Mejor", él respondió. "Recogí el agua medicinal que el herbolario quería. Traje cuatro botellas grandes de agua a casa, todas las que pude cargar en mis alforjas. Los inquilinos allá [terratenientes del fundo] son muy estrictos. Han puesto un letrero que dice "No traspasar". Por esto, supe que necesitaba tener su permiso para pasar al fundo, a través de las rejas, e ir donde está el agua. Tuve que darles muchas explicaciones antes de que me dejaran pasar. El agua está en una piscina y sabe y huele a azufre. El herbolario hirvió ciertas hierbas en el agua y aplicó la decocción al tumor maligno de Jerónimo. Lo alivió. Uno de los inquilinos me dijo que las personas pueden beber el agua desde la piscina misma, yo encontré que el agua estaba helada. En la Cordillera, sin embargo, hay muchas piscinas que son excesivamente calientes. Los mapuche y también los chilenos que están enfermos se bañan en estas aguas. Cerca del lago Pellaifa, en un lugar llamado Malihue, hay cuatro piscinas de agua verde viscosa, una más abajo que la otra. Mientras más abajo está la piscina el agua es más fría que la que está por encima de ella. Si van más alto aún, llegan a Carringe, un lugar cerca de Reihueco,[19] donde el agua es tan caliente que uno puede cocinar en ella.

Vaciando sus bolsillos de plantas medicinales, Huenun dijo: "Ayer recolecté algunas de estas camino a la piscina y algunas camino a casa esta mañana". Tenía un sinnúmero de plantas enteras, pero solo raíces, hojas o flores de otras plantas. A medida que las esparcía sobre la mesa, él comenzó, "todas estas tienen valores curativos. Aquí alrededor hay muchas plantas más que tienen valor medicinal y que son usadas por nuestro pueblo, pero solo sé el valor y usos de ciertas plantas y estas son algunas de ellas". Levantó una planta: "Esto es *kimwe* [no identificada]. Una decocción de la planta entera cura todas las indisposiciones de estómago excepto el dolor de estómago. Para el dolor de estómago, nosotros tragamos una mezcla de raíz de paico en polvo [*Chenopodium ambrosioides*] y cuero de molleja de ave también en polvo. Para infecciones de heridas calentamos estas hojas [*culul*, no identificada] sobre el fuego y las aplicamos directamente en la herida. "Ahora, aquí hay algunos remedios para ojos irritados: si su visión está borrosa, si pareciera que una nube estuviera en su camino, raspe bien esta raíz de *welke* [*Solanum valdiviense*] de su corteza y toda suciedad, extraiga su savia y la de estas hojas de *lanko kachu* [*Bromus unioloides*] mézclelas con saliva y lave los ojos con ella —la savia se puede extraer mejor frotando las hojas entre las palmas de sus manos. Sin embargo, si un ojo está irritado porque fue rasguñado por una ramita o por un golpe con la mano, ponga leche materna en él: si es el ojo de un hombre o niño, entonces la leche debe venir de una madre amamantando a una niña; si es el ojo de una mujer o niña, la leche debe provenir de una madre amamantando a un niño. Si tú no sabes qué es lo que provoca que tu ojo esté irritado, aplica una decocción de esta planta llamada *küñalfillkun* [*polipodio*; *Polypodium trillobum*].

"Para que la sangre se deshaga de impurezas, como las adquiridas durante una enfermedad grave, seque esta planta [*püre*, no identificada], luego muélala en polvo y beba una decocción de ella. Esta es una planta rara que crece en los pantanos. Yo sé esto porque ayudé muchas veces a un herbolario a buscarla, la buscamos, la buscamos y la buscamos. Después de que las impurezas han sido expulsadas fuera de la

[19] N. del T.: No fue posible encontrar la locación de estos topónimos (Carringe y Reihueco), puede que contengan errores de escritura.

sangre, beba una decocción de este pasto —nosotros lo llamamos *kegni* [*Fascicularia bicolor*]".

Huenun levantó sus dos últimas especies ahora: flores *külmai* [*quilmay; Elytropus chilensis Mull*] y flores amarillas de *fülel* [*Solidago microglossa*]. Las miró cuidadosamente con un poco de ternura, y luego dijo en un tono de voz y de forma confidencial: "Si una persona se enferma súbitamente y actúa como si estuviese durmiendo, despiértalo. Hazlo inhalar los vapores de estas dos flores. Rápidamente, haga vapores poniendo las flores en una olla o un recipiente similar y colóquelo en rescoldo ardiente. Si es un niño el que actúa de esa manera, dígale a su madre que lo tome en brazos junto a los vapores y lo cubra para, de esta manera, forzarlo a inhalarlos. Estos vapores expelerán el espíritu de enfermedad que se ha apoderado de esa persona o niño".

Después continuó contando que las partes del cuerpo que son afectadas por un dolor reumático deberían ser limpiadas con un ungüento hecho mezclando grasa derretida, del cebo de un zorro, zorrillo o puma, con bilis de oveja o ganado. El dolor de quemaduras puede ser aliviado aplicando la orina de la persona quemada. Él añadió: "Las materias del cuerpo de una persona, a menudo, tienen propiedades curativas para ese cuerpo, pero para ningún otro. O, si prefieren, pueden untar sangre de la cresta de la gallina en las quemaduras. El sangrado de nariz se corta rápidamente si el sangrador introduce polvo de plumas de flamenco chamuscadas en su nariz. En nuestro territorio no tenemos flamencos; estas plumas las obtenemos desde Argentina".

Huenun estaba seguro de que todo el conocimiento curativo se originó en los sueños: "Una persona que tiene tal conocimiento puede decirle a otro lo que sabe. Yo aprendí el uso de una planta de una mujer que es especialista en su uso. Quiero contarles acerca de su conocimiento. Una vez yo tuve eczema y hablé con esta mujer porque mis parientes me dijeron que ella tenía una cura —ellos me insistieron que fuera donde ella. A pesar de que podría haber ido donde un hombre herbolario que yo conocía, fui donde ella. Esta mujer supo en un sueño de una hierba que curaría mi eczema a la noche siguiente. Por la mañana, buscó la hierba y la encontró; era el *nülpi* [*Vicia valdiviana*]. Hizo un ungüento con ella y lo aplicó en mi eczema que pronto desapareció. Frecuentemente, me he preguntado cómo ella puede soñar con una cura; probablemente ella piensa sobre eso durante el día y luego sueña con ello por la noche. Sea lo que sea lo que estos herbolarios hacen, lo importante es que ellos siempre sueñan con la cura correcta. Aquí alrededor, había una mujer herbolaria que durante años soñaba con cada remedio que ella usaba, y cuando murió tenía más de cien años.

"Una vez, yo tuve un sueño que se lo relaté a un hombre mayor que me dijo era un sueño importante porque tenía cura. En ese entonces, dudé que tuviera cura y aún lo dudo. Tuve un sueño cuando hace veinte años atrás estuve enfermo con temperatura alta y no pude comer por cuatro días y cuatro noches. Al cuarto día, después que el sol se había escondido detrás de la Cordillera, me quedé dormido. Soñé que una preciosa mujer mayor vino a mí con muchos niños y niñas. Ella me hizo masajes y luego lo hicieron cada uno de los niños. Desperté justo cuando la mujer me pidió algo de comer. Estaba contento de saber que era solo un sueño porque no tenía nada para darle de comer —en ese tiempo yo era más pobre de lo que soy ahora". Se rio de esto.

Luego habló sobre la causa de una enfermedad. Él dijo, "Hasta ahora, nosotros creíamos que toda enfermedad era a causa del espíritu maligno de la enfermedad, a no ser que hubiese una causa evidente, como una rama que cae y hiere un ojo. Las personas están comenzando a creer que ahora hay otras causas para las enfermedades y que es el *machi* quien puede descubrirlas por medio de sus poderes. Los chilenos dicen que los *machi* son hechiceros y brujos. Es verdad, un *machi* puede ser un hechicero o hechicera, pero si lo es, nosotros tenemos otro nombre para él: *kalku* [brujo]. Sin embargo, hay *kalku* que no son *machi*. No tengo nada que ver con los *kalku* de ningún tipo. Estoy hablando aquí de un *machi* en el cual se puede confiar y que hace el bien a las personas, y no así un *kalku*. Un *machi* tiene poder para descubrir la causa real de una enfermedad.

"Aquí hay un caso: Al año siguiente que me casé, estuve tan enfermo que apenas podía caminar. Tenía dolores fuertes al corazón. (Él señalaba su abdomen. Informantes en la zona costera que nos habían contado sobre enfermedades al corazón también nos habían indicado el abdomen como el centro de ella). Probamos con todos los remedios de los cuales teníamos conocimiento, pero ninguno me alivió. Después, parientes y otros mapuche me dijeron que sin duda mi enfermedad se debía a un daño que alguien me había impuesto, que esa podía ser la única causa de tan grave enfermedad. Yo les creí porque ya había decidido que esa debía ser la causa. Mis parientes buscaron a un *machi* que escuchó lo que decíamos y estuvo de acuerdo en que alguien me había hecho daño. Comenzó a tratarme. Primero, él aparentó darme una puñalada con un cuchillo —por supuesto que no lo hizo realmente— y luego sacó la parte enferma de mi corazón, el lugar en el cual yo tenía un fuerte dolor y extrajo una gran cantidad de materia verdosa y mal oliente. Al día siguiente me empecé a sentir mejor. Antes de que él me tratara, yo acordé pagarle con un caballo. Sí, al *machi* le pagué con el último caballo que entonces poseía y aún le estoy agradecido por curarme".

Él continuó contando acerca de la condición de enfermedad. "Cualquiera puede pinchar la piel en el lugar que tiene el dolor una persona enferma y sacar sangre de ahí, pero solo el *machi* es quien puede extraer la condición de enfermedad, el espíritu que causa ese mal. Aquí les digo cómo se realiza por lo general: "En el lugar que la persona indica como la fuente de dolor, el *machi* pone una piedra y ramas pequeñas, ya sea de canelo, que denominamos *foique* [*Drimys winteri*], *chillko* [*fucsia*; *Fuchsia macrostemma*] o *paupauweñ* [esparto; *Luzuriaga radicans*]. La piedra debe ser una de esas piedras poderosas; una piedra cualquiera no servirá. El *machi* sabe cuál usar y comúnmente posee una. Él selecciona ramas pequeñas de la planta adecuada, la que será más eficaz para la enfermedad que está tratando, y luego las deja en el área de dolor junto a la piedra por un período corto de tiempo antes de sacarlas. Después muerde el lugar de dolor y lo succiona, muerde y succiona, muerde y succiona hasta que finalmente escupe ya sea una mosca, un gusano, una lagartija pequeña o tal vez una figurita. Cualquier cosa que escupa, por lo general está muerta, pero en ocasiones su cabeza o cola se mueven".

Me arriesgué a preguntarle a Huenun si él creía que estos objetos eran realmente extraídos del cuerpo; a lo cual Francisca dijo en voz baja: "Tu pregunta es dinamita para su orgullo".

Al ser interrumpido se mostró enojado, pero respondió: "Algunos dicen que el *machi* los saca chupando, pero otros dicen que los tiene en su boca y solamente los escupe. Cualquier cosa que haga no viene al caso en este momento. Ahora, el *machi* escupe saliva y todo lo que ha extraído en una hoja de canelo y bota todo a una hoguera. Inmediatamente, la persona enferma se siente mejor. Hay *machi*, tanto hombres como mujeres, que tratan por medio de la succión, pero no todos los *machi* lo hacen. Algunos dicen que ciertos *machi* tienen las yemas de los dedos partidas, y con ellas sacan el espíritu de una enfermedad. Nuestros *machi* no hacen incisiones en el codo o en la sien como ustedes dijeron que algunas personas indígenas lo hacen, pero hay un *machi* en Quilche que hace un pequeño corte con vidrio en cualquier parte que esté el dolor y deja que la sangre fluya por ese lugar. Pienso que eso lo aprendió de los chilenos. A mí nunca me han hecho una incisión, pero me la haría si tuviese dolor y alguien me aconsejara que fuese hecho".

Ahora, cerró la puerta y en forma tranquila y confidencial nos contó que las personas, a veces, se enferman porque alguien las envenena. El envenenamiento se hace con bilis de serpientes o sapos o con el jugo de una planta llamada *pinaka* [cicuta mayor; *Conium maculatum*]. Cualquier cosa que se use, se pone en la comida o trago de la víctima. Una persona envenenada así, pierde gradualmente vitalidad y peso, y a la larga muere a no ser que se use un antídoto. Ciertas hierbas son antídoto, y solo un *machi* o un herbolario sabe cuáles son. Huenun dijo que otras causas de enfermedad son "los *anchimallen*. No se puede confiar en los *anchimallen*; ellos traen enfermedad a las familias, incluso la muerte".

"¿Quiénes son ellos?", pregunté.

"¿Ellos?" Ellos son muy altos (indicando 45 centímetros aproximadamente), y cuando se ríen sus dientes brillan como luces. Cuando era un hombre joven aún, una vez acompañé a un hombre mayor a un *machitun* [actuación de un *machi* sobre una persona enferma] en la noche. Mientras caminábamos, nos encontramos con un roble y vimos luces en su tronco. Esos eran *anchimalléns*".

Me arriesgué y dije: "Quizás era gas que emanaba de un pantano o quizás gas emitido por el tronco de un árbol podrido".

"No, en verdad no", él replicó. "¿El tronco de un árbol podrido? Oh, no. Era un tronco de árbol saludable, ¡muy saludable! Y estoy seguro de que no sé a lo que ustedes se refieren con gas saliendo de un pantano. ¡Les estoy diciendo que aquellas luces eran *anchimallen*! En otra ocasión también vi *anchimallen*. Una noche, hace muchos años atrás, mis perros no paraban de ladrar. Me levanté a ver por qué. Pensé que quizás había alguien en mi campo de trigo. Allí estaban dos *anchimallen* bailando no muy lejos: se acercaban y alejaban el uno del otro. Repitieron esto varias veces y luego desaparecieron. Volví a la *ruka* con la esperanza de que ningún *kalku* hubiese enviado a estos dos a nuestra casa para hacernos daño. Quizás efectivamente nos hicieron daño, no lo sé, pero unos pocos años después mi hija murió".

Era hora de ir a comer. Comimos paloma asada, papas cocidas, ensalada de lechuga del huerto, una sopa espesa con vegetales frescos y moras de postre. Huenun se comió todo excepto las moras; hizo un comentario acerca de que las moras no son amigables para los mapuche. Después de la cena, él ató a su caballo en un lugar diferente para pastar, se recostó en el pasto cerca de él y durmió su siesta. Dentro de poco regresó.

"Y ahora les quiero contar acerca del *machitun*", él comenzó. "El *machitun* es un tratamiento dado a una persona muy enferma. Es realizado una vez que todos los otros remedios conocidos han sido probados y han fallado. Un *machi* es quien lo realiza. Siempre hemos tenido *machi* tanto hombres como mujeres, como les dije anteriormente, pero hoy la mayoría son mujeres. La familia del enfermo elige un *machi* y le pide que lo trate. Justo cuando está empezando a oscurecerse, llega la *machi* y comienza su trabajo, y no se va hasta que empieza a amanecer.

"Les contaré sobre un *machitun* al cual yo asistí hace un año, y luego sobre uno al cual asistí anoche. Hace un año, la persona enferma era pariente mía y yo fui invitado para ser el que gritaba en el tratamiento. La *machi* ordenó que le sacaran toda la ropa al enfermo. Luego, se tendió desnudo en el suelo de su *ruka*. A continuación, ella le puso dos ramas pequeñas de canelo bajo su cabeza —hay algo sagrado acerca del árbol de canelo, ustedes saben. Después, ella ordenó que el espíritu maligno de la enfermedad lo abandonara y más tarde colocó pequeñas piedras planas en su cuerpo, aquí y allá, allá y aquí. Sobre cada piedra puso un fruto rojo y semillas de esparto. Entonces, ella se sentó entre el enfermo y la hoguera de la *ruka* y golpeó su *kultrun* (él explicó que un *kultrun* era hecho ahuecando un extremo de una parte de un tronco de árbol y estirando un pedazo de cuero sobre este extremo). La *machi* cantó sus propias canciones, canciones que solo ella puede cantar; nadie se aventuraría a cantarlas. De hecho, yo no sé las letras de las canciones de ninguna *machi*, y debido a que yo me he convertido en cristiano, he puesto poca atención a las letras que ellos usan en cualquier momento. Lo único que sé es que las letras de sus canciones están dirigidas al espíritu de la buena salud. Sé que esta *machi* le estaba pidiendo al espíritu de la salud que ahuyentara al espíritu de enfermedad de esta persona enferma. (Francisca sospechó que él sabía las palabras, pero no quería repetirlas por temor a consecuencias malignas. Después de todo, la *machi* también podría tener poderes para causar daño). Todos los presentes se paraban detrás de la *machi*, incluyéndome a mí. Justo cuando ella terminó su canción, todos gritamos '¡Ya ah!'. El grito era dirigido al espíritu de buena salud.

"Ahora la *machi* comienza su investigación, es decir, ella busca la causa de la enfermedad. Se preparó a sí misma mordiendo ramas de canelo para purificar su lengua y dientes. En el momento mismo en que hizo esto el fruto rojo de esparto, que descansaba en la parte del cuerpo donde se ubicaba la causa de la enfermedad, se alzó. Yo vi esto, y también he visto frutos de esparto hacer lo mismo en otros *machitun*. La *machi* se puso a trabajar inmediatamente, a morder y succionar este lugar del cuerpo de mi pariente. Pronto, ella escupió sea un gusano o lagartija —no sé cuál, porque no pude ver bien desde donde estaba parado. Lo que ella escupió era la causa de la enfermedad —era el espíritu maligno de esta enfermedad en particular.

"Ahora, quiero ser honesto conmigo mismo y debo decirles que estoy absolutamente seguro de que esta parte del tratamiento, particularmente el succionar el gusano o lagartija, es engañosa. Me di cuenta, por su pregunta previa, que ustedes también sospecharon que era falso. Yo nunca he creído que esto sea más que una burla, pero a pesar de este engaño, muchas veces las personas enfermas se recuperan después de la realización de un *machitun*.

La *machi* ordenó ahora que se tiraran al fuego las ramas de canelo y otras hojas o ramas que ella había usado. Luego, a mi pariente lo mandó a pararse cerca del fuego. Ese hombre estaba tan débil que varios hombres tuvieron que apoyarlo. Mientras estaba parado allá, siendo apoyado, la *machi* hizo girar una gallina negra en el aire hacia él, caminando cuatro veces alrededor de él mientras lo hacía. Cada vez, ella decía: 'Este hombre no te hizo nada a ti, tú espíritu maligno de enfermedad. ¡Déjalo!' Porque el espíritu de la maldad es negro, la gallina también debe ser negra. A veces, la gallina se mata después de la oscilación y el rezo, pero más frecuentemente es espantada de la *ruka* al campo. Ella no es tolerada cerca de donde están las personas —ahora ella tiene el espíritu de la enfermedad del paciente. Mi pariente se recuperó.

"Les quiero contar ahora acerca del *machitun* que se realizó anoche entre el crepúsculo y el amanecer. Nuevamente fui invitado para ser la persona que grita. Los detalles variaron un poco del que se llevó a cabo con mi pariente. La *machi* puso dos ramas de canelo en forma vertical en el suelo y colgó una tetera pequeña entre ellos cerca de la cabeza del enfermo. En la tetera puso puntas de canelo, flores de fucsias y frutos rojos de esparto. Luego, se sentó a la izquierda del enfermo, golpeó su *kultrun* y cantó una de sus canciones. Todos los invitados a gritar gritaron en tono alto y prolongado, pero terminaron gritando varias veces y en tonos variados '¡Ya-ah!'. A continuación, la *machi* agitó vigorosamente una calabaza seca que contenía piedrecillas y cantó dos canciones más. Cada canción finalizaba con las personas gritando como antes. Ahora, la *machi* fumó una pipa y arrojó el humo sobre el enfermo y luego, en un estilo suplicante, le rogó al espíritu de enfermedad que abandonara el cuerpo de la persona enferma.

"¿Cómo se mete el espíritu de enfermedad en el cuerpo?", pregunté.

"Eso es fácil de responder", replicó. "El espíritu de enfermedad puede ser enviado al agua que tomamos y la comida que comemos. Antes les dije que es a través de esta manera que entra al cuerpo".

Otra variación fue una cuarta canción con respuesta a los que gritan. Ahora un coordinador le habló a la *machi* —la persona estaba muy enferma como para hacerlo él mismo. Fue una súplica prolongada para que la *machi* lo curara, y le dijo repetidas veces que solo ella tenía el conocimiento y poder para hacerlo. Después de la súplica, la *machi* comenzó a trabajar para curarlo: llamó con solemnidad a sus poderes y luego ordenó para que alguien cortara la oreja de una oveja y le trajera unas pocas gotas de su sangre en una taza. Mientras estaban buscando la sangre, ella cantaba otra súplica —esta vez al ritmo de un cascabel hecho de una calabaza que contenía semillas de esparto, no piedrecillas. Luego, tomó puntas de canelo desde la tetera y las frotó entre las palmas de sus manos hasta que sus palmas estaban cubiertas totalmente con savia. De ahí, mezcló la savia con la sangre de oveja y untó esta mezcla por todo el cuerpo del enfermo. Después colocó unas pocas hojas de canelo y varias piedrecillas —tomó las piedrecillas del cascabel que había usado anteriormente— y las puso en la parte del cuerpo donde estaba el dolor.

Después de esto, bailó por el lado derecho de él —el dolor estaba localizado en ese lado. (Huenun imitó el baile: dio unos pocos saltos entrecortados hacia adelante, caminó unos pocos pasos y dio otros saltos entrecortados hacia adelante). La *machi* bailó de esta manera cuatro veces, desde la cabeza del hombre hasta sus pies. Al finalizar cada uno de los tres primeros bailes, la *machi* caminó alegremente hacia atrás hacia donde estaba la cabeza del hombre, pero durante el cuarto baile, ella se paró abruptamente concordando con el lugar donde estaba el dolor del hombre. Quitó las hojas de canelo y piedras, masticó las hojas y luego frotó sus dientes y lengua con ellas. Ahora vino el momento tenso: se reclinó sobre el enfermo y succionó la causa de la enfermedad del lugar de dolor. Mostró a los mirones lo que ella había succionado. (Huenun no pudo acercarse lo suficiente para verlo). Miró a todos los presentes y les dijo, "Si es el deseo de Chau, el espíritu de la enfermedad abandonará a este hombre, y él se recuperará". Cantó una última canción, una que permitía a todos saber que ella había terminado el *machitún* y ya se iba. Todos los que gritan, gritaron un último '¡Ya-ah!' y todo finalizó.

"La mayoría de las *machi* quieren que se les pague por adelantado", Huenun añadió. "La cantidad depende de la capacidad de las familias para pagar y del tipo de enfermedad a ser tratada. Yo conozco una *machi* que siempre pedía un caballo, o un animal similar, y cincuenta a cien mil pesos adicionales. Ahora les he contado todo lo que sé acerca del *machitún*, y debo irme a casa.

Ese día le pagamos a Huenun con un saco de trigo. Él dijo, "También la harina es buena, pero a mi esposa le gusta moler el trigo en su piedra para moler. Ella entonces puede hacer guisos mapuche con él; algo que no puede hacer con harina de la fábrica. Ella estará contenta de tener este trigo". Nos dimos la mano y Huenun partió.

CAPÍTULO VI

Brujos y magia

Mientras transcribíamos las notas sobre el *machitun*, Margaret y yo decidimos que necesitábamos información adicional sobre las *machis* y sus actividades. Tomamos nota de las preguntas que le haríamos a Huenun: ¿Cómo la *machi* se convirtió en *machi*? ¿Qué quiso decir Huenun con poderes de las *machis*? ¿Cuál era el origen de estos poderes? ¿Qué hay de sagrado acerca del árbol de canelo? ¿Mordió él, alguna vez, ramas de canelo para purificar sus dientes? ¿Qué le sucedió finalmente a la gallina? ¿Cuántas personas que gritan había en un *machitun*? ¿Qué sucedería si una persona invitada a gritar se ausentara? Y había más preguntas. Decidí que deberíamos comenzar con la pregunta acerca de la gallina. Si Huenun se resintiera al ser cuestionado con más información sobre las *machi* y *machitun*, le preguntaríamos acerca de la muerte, un ítem del cuál teníamos solo información limitada.

Sin embargo, había un problema: ¿En qué ánimo estará Huenun cuando llegue nuevamente? ¿Querrá guiar él la entrevista? ¿Se enojará si se le pregunta más información sobre un tema que ya hemos discutido con él? Francisca nos advirtió. En la zona costera habíamos aprendido que hacer tales preguntas era considerado una censura a la habilidad del informante de haber contado algo bien la primera vez. Allá, los informantes resistieron tal cuestionamiento vehementemente. No queríamos ofender a Huenun, pero decidí que trataría y vería cuál sería el resultado. Sabía que Huenun podía responder nuestras preguntas dado que él había sido un participante en los *machitun*. Después de todo, dije, Panguipulli no está en la zona costera; puede que las personas sean diferentes en el valle de Panguipulli. Margaret añadió, “Ellos hablan un dialecto del mapudungun que es diferente al hablado en la zona costera. Quizás también sean diferentes en otras formas". Con nuestra decisión ya tomada, apagamos nuestra lámpara de parafina y nos fuimos a acostar.

Cuando amaneció, asistimos a misa con las hermanas de la misión. Margaret alimentó el fuego en nuestra estufa pequeña —atenta, como siempre. Francisca había prendido el fuego bien temprano— y tomamos un desayuno nutritivo. Salimos a una alegre y breve caminata a lo largo de una quebrada verde llena de matorrales y maleza —bien podría haberse ocultado un puma en este tipo de lugar. Regresamos por un camino, a través de un campo de trigo, y vimos la cordillera de los Andes nuevamente. En silencio y con pavor admiramos sus volcanes con la cima cubierta de nieve.

Llenas de alegría, después del aire matutino de las montañas, regresamos a la sala de clases y nos preparamos para trabajar. Margaret puso las sillas en los lugares de costumbre; la de ella a un extremo de la mesa, la mía a su derecha al lado de la mesa, la de Francisca a mi derecha y la de Huenun al frente mío.

No mucho después, Huenun llegó. Reclamó porque no había podido dormir bien anoche debido al ladrido feroz de sus perros. Su preocupación era porque un puma hubiese entrado a su redil, lo que evitó que pudiese dormir, incluso después de que sus perros pararan de ladrar. Por la mañana, sin embargo, encontró todas sus ovejas vivas y bien —algo por lo cual estaba agradecido.

"Huenun", comencé muy casualmente, "Margaret y yo nos preguntábamos si usted nos contaría un poco más acerca de las *machi* y sus poderes. Ayer en la tarde, al reescribir esa información valiosa que nos dio sobre el *machitún*, nos estábamos preguntando ¿Qué le pasó a la gallina que fue expulsada del *machitun*, aquella que estaba poseída por el espíritu de la enfermedad?".

Apuntando hacia Margaret, pero con sus ojos mirándome a mí de una manera poco amistosa, él hizo un esfuerzo y dijo, "¿Tiene algo de inteligencia esa niña?".

Le respondí en su mismo tono de voz y también traté de poner resentimiento en mi mirada. "¿Esa niña? ¡En verdad, sí tiene! ¡Una de las razones por la cual la traje a Chile y a donde los mapuche, por un largo camino desde Norte América, fue por su gran y aguda inteligencia!".

"En ese caso," replicó él, "ella tiene la respuesta en su cuaderno. ¡Ayer la vi ponerla ahí! ¡Si no está ahí, a ella le falta inteligencia y no tiene sentido contarlo nuevamente! Vamos a otra cosa". ¡Y pasamos a otra cosa!

"Dígame, Huenun", comencé en voz apacible, pero hirviendo por dentro, "¿Tiene, alguna vez un mapuche una premonición de muerte?".

Él respondió igualmente en forma suave: "Sí, conozco varias maneras. Por ejemplo, si un *choñchoñ* ronda una *ruka* por la noche, divulgando llamados y gritos raros, una persona pronto morirá en esa *ruka*. Cerca de mi *ruka* hay una hilera de árboles, y una vez un *choñchoñ* gritó y lloró ahí afuera. Inmediatamente supe que uno de nosotros moriría ya que ese *choñchoñ* voló por esa hilera de árboles hacia adentro y hacia afuera, luego hacia adelante y hacia atrás y finalmente en forma recta a lo largo de toda la hilera. No mucho tiempo después, una de mis hijas se enfermó y murió. Dicen que el *choñchoñ* viene del sur. A él nunca se le ve, solo se le escucha; de hecho, él es invisible. Si llora en un lugar y uno va para allá, él ya está llorando en otro lugar y si vas para allá, él habrá volado. (También en la zona costera habíamos escuchado historias sobre el *choñchoñ*. Allá, los no-mapuche decían que el *choñchoñ* era indudablemente un pájaro nocturno. Francisca era de la misma opinión).

"En ese momento, cuando mi hija se enfermó, ella vomitó durante días y no podía comer. Yo no quería creer que ella se fuera a morir. Nos habían hablado de un turco por ahí cerca que estaba diciendo que él podía predecir la muerte. Fui donde él y le dije, "Tengo una niña enferma. Quiero saber si ella va a vivir o va a morir". El turco me pidió que le pagara cinco pesos. Lo hice, y luego escribió en una hoja de papel: "Su niña está muy enferma. No sé si ella se recuperará. Puedo predecirlo mejor si voy a verla y estudio su enfermedad en el lugar en que ella está. Si quiere que haga esto, tendrá que pagarme por adelantado con una oveja". Le llevé la oveja, y él vino a mi *ruka* a estudiar la enfermedad. Él dijo, "Quizás puedo curar a la niña, pero antes de intentarlo, usted me debe pagar cien pesos". Como yo no tenía tanta cantidad de dinero, él se quedó satisfecho con una vaca de dos años. Al día siguiente, mi hija murió. Fui donde él y le dije que ella había muerto y que debía recompensarme con cincuenta o cien pesos. Me contestó que él había hecho lo que había prometido hacer y que no me pagaría ni un centavo. ¡Ese hombre debe estar en el infierno! ¡Al menos, allá es donde él pertenece!

Continuó diciendo: "Ocasionalmente un hombre tiene un sueño que profetiza su muerte. Un pariente mío soñaba todo el tiempo con que se iba a morir, y tenía miedo de morirse. Para prevenir su muerte, realizó un *nguillatun* [ceremonial religioso de las tribus]. Yo mismo he tenido sueños que pienso son significativos, pero nunca he soñado con que me voy a morir. Algunos años atrás, tuve un sueño acerca de un pájaro llamado *klegnklegn* —los chilenos lo llaman un halcón—. Este es el pájaro que parece como si tuviera una tela blanca amarrada a su cuello con sus extremos colgando sobre su pecho. Bien, en mi sueño este pájaro estaba volando alto cuando de repente se precipitó metiendo mucho ruido y se posó en mi hombro derecho (contó esto con mucha pantomima). Justo cuando esto sucedió, me desperté. La sangre del *klegnklegn* tiene en sí misma un gran poder. Una vez, mi abuelo mató a uno, chupó algo de su sangre y se la inyectó en la vena de su mano derecha. El hacer esto le dio una fuerza adicional a su mano. En una ocasión, cuando una de sus esposas discutió con él, él le pegó con esa mano y la mató. Tuve otro sueño acerca de un pájaro. Tres o cuatro años atrás, o tal vez siete u ocho después de mi sueño con el *klegnklegn*, soñé que andaba a caballo en la parte más alta de un cerro en Kenchuri.[20] Un pájaro hermoso, dócil y resplandeciente vino y se posó en mi antebrazo izquierdo; era tan dócil que yo podía acariciarlo. Entonces desperté. En fin, estos dos sueños han aumentado mi inteligencia y comprensión de cosas y me han orientado acerca de lo que debería hacer, pero ninguno parece haber profetizado mi muerte.

"No hace tanto tiempo, tuve un sueño que puede ser importante —no puedo saberlo. Estaba en una pradera grande de tierra quebradiza, tierra como la que está ahí afuera (él señaló la ventana). Allá había un altar blanco y mi esposa y yo estábamos tendidos cerca de él, envueltos en ropa de cama. Velas ardían a todo nuestro alrededor. Yo no sé qué significa este sueño.

"Tuve otro sueño. Un *huinca* pobre y yo estábamos en una roca seca, cuando vino una hermana manejando un coche muy ruidoso de dos ruedas y tirado por dos caballos blancos. La cubierta del coche era transparente; podíamos ver pan dentro de él. Repentinamente, el coche paró y la hermana nos dio pan. Comimos el pan y tomamos agua de un hoyo en la roca". Luego, él hizo una observación, que él no deseaba vivir mucho más y que no quería llegar a viejo. Le pregunté si tenía alguna idea de cuánto tiempo más viviría. Él respondió, "Nadie sabe eso".

[20] N. del T.: No fue posible encontrar la locación de este topónimo, puede que contenga errores de escritura.

"El mapuche que fue enterrado ayer no tuvo premonición alguna de su muerte", continuó diciendo. "Sin embargo, muchas otras personas sabían que él no viviría hasta llegar a viejo; él tenía demasiados enemigos, personas a las cuales él les había robado cuando joven. No cabía duda de que más temprano que tarde uno de ellos le enviaría un espíritu maligno de enfermedad, y lo más probable es que eso fue lo que sucedió. Si no fue uno de sus enemigos que lo hizo, debe haber sido la mujer mayor que tomó por esposa, una que siempre se ha dicho es una *kalku*. Después de haber estado con él unos tres o cuatro meses, él la echó. Es significativo que ella no estuviera en su funeral ayer, su otra esposa sí estaba."

"¿Realizaron ellos un *machitun* sobre este hombre? pregunté.

"No, este hombre no; él no creía en los poderes del *machitún*; siempre fue un buen cristiano", respondió Huenun.

Mientras Margaret avivaba el fuego, dijo en voz baja para sí misma, "¿Habrá sido siempre un buen cristiano? ¡Quisiera saber acerca de eso!".

En la zona costera, una persona moribunda es vestida con su mejor ropa, pero sin zapatos ni sombrero. Parientes y otras personas allí presentes la visten. Huenun estuvo de acuerdo en que esa era una costumbre mapuche. "¿Por qué debería un moribundo usar un sombrero y zapatos ahora, cuando nunca lo hizo durante su vida?" Huenun comentó, "¡Nunca ha sido nuestra costumbre usar zapatos o sombrero excepto cuando vamos donde hay chilenos u otros *huinca*!". Siguió contando que a los moribundos se les pone una cinta de hilo de lana tejida en la frente, amarrada con un nudo en la parte de atrás. Antiguamente, todos los hombres usaban cintas para mantener su pelo fuera de los ojos. También una mujer que está muriendo es vestida como generalmente se visten. En tiempos pasados, los adornos personales de plata de un hombre o mujer eran enterrados con él o ella.

Huenun continuó, "Unos veinte años atrás, los hombres comenzaron a robar estos adornos de las tumbas. Acá en nuestro cementerio, dos hombres lo hicieron. Los vimos hacerlo y se los echamos en cara. Nosotros informamos a la policía chilena, pero no se hizo nada sobre eso. Si alguien sabía dónde buscar adornos de plata, los podía encontrar enterrados en alfarería. Conozco a una mujer estéril de un *lonko* antiguo que enterró sus atavíos de plata de esa manera. Entre nosotros, es costumbre que una madre le dé sus cosas de plata a una de sus hijas, pero esta mujer no tenía hijas y no quería que ninguna otra mujer tuviese sus adornos. Muchas veces, yo he removido alfarería, pero ninguna tenía adornos de plata en ella. Esta alfarería tiene un color diferente a la nuestra; debe haber pertenecido a un pueblo que vivió aquí antes que nosotros. A tal alfarería la llamamos *traiki*; a la nuestra que está enterrada la llamamos *wishugn*".

Entonces le conté sobre una costumbre de luto de algunos indios norteamericanos por medio de la cual una mujer, ante la muerte de un ser querido, se corta la articulación de un dedo como un signo de gran pesar. Ante esto, él replicó: "Mi abuelo me contó muchas de nuestras viejas costumbres, pero nunca me contó sobre una así. Eso no tiene sentido. Antiguamente, según mi tío, teníamos una costumbre por la cual un marido, si era un hombre rico, se esperaba que les diera una vaca o un caballo a los padres de su esposa fallecida recientemente. Si era un hombre pobre, él les daba adornos de plata como espuelas de plata. Si él había maltratado a su mujer en algún momento, a él se le obligaba a dar más. Pero, esto ya no se hace. Actualmente, algunas de nuestras mujeres al igual que lo hacen las chilenas, cuando sus padres, madres, esposos o hijos mueren, dejan su pelo suelto que caiga o solo amarrado atrás por un año. Las mujeres de luto jamás han usado sus adornos de plata mientras dura el duelo y tampoco lo hacen hoy, ni siquiera para las fiestas".

Al llegar a este punto, algunos niños vinieron a decirle a Huenun que la montura del caballo se había caído —como siempre, él había atado su caballo en un lugar pastoso muy cercano. Salió, volvió a colocar la montura y por un momento le habló y luego regresó. Con algo de humor, comentó, "Quizás no debiera contarles nada más sobre nuestras costumbres; los espíritus deben haber arrojado la montura de mi caballo para demostrar su disgusto —¡la montura fue tirada sobre la cabeza del caballo! Esto nunca sucede en condiciones normales, las monturas deben caer hacia un costado del caballo. Yo tengo un muy buen amigo que, una vez, estaba arando con un par de bueyes y cada vez que paraba para conversar con un viandante o mirar a su alrededor, el yugo de sus bueyes era sacudido. Ustedes saben, hay un mundo de espíritus que hace estas cosas para mostrar aprobación o desaprobación por lo que hacemos. Estoy seguro de que los espíritus arrojaron la montura de mi caballo.

"En algunos de nuestros lagos hay espíritus malos. Conozco una *machi* que puede actuar sobre ellos". Luego continuó diciendo, "En el lago Calafquén, hay un espíritu llamado *Caleochu*. Recientemente, *Caleochu* tiró un bote al lago y ahogó a las siete personas que iban en él. Una vez, vi luces en ese lago. También, el volcán Choshuenco tiene un espíritu malo. Choshuenco tiene solo un árbol de araucaria [*pewen* o pehuén; *Araucaria araucana*], que está por el lado del crepúsculo y, por lo tanto, tiene piñones extraordinariamente largos y curiosos, (señaló que estos eran cuatro veces el largo desde la yema del pulgar hasta el primer nudillo). Pero, si alguien escala por los costados del Choshuenco para obtener esos piñones, se convertiría en una serpiente. Los vientos que soplan a través del Choshuenco traen insectos malos. Les puedo asegurar que el Choshuenco tiene un espíritu malo.

"La primera erupción de los volcanes, que yo recuerdo, fue cuando el Choshuenco atacó al volcán Villarrica. No sé exactamente cuándo sucedió, pero recuerdo que ya estábamos viviendo en una *ruka* hecha de tablones. Nos habíamos mudado porque mi esposa ya no quería vivir donde estábamos porque según ella no teníamos vista. Teníamos un huerto hermoso, aunque ahora también lo tenemos. ¡Muy bien! Las primeras actividades que vimos de esa erupción fueron como relámpagos. Los relámpagos venían tanto del Choshuenco como del Villarrica y luego bolas de fuego de este tamaño (gesticulando para indicar 30 centímetros de diámetro). Estaban siendo lanzadas por el Choshuenco y el Villarrica se desquitaba. Ellos se mantuvieron de esta manera por algún tiempo, lanzando azufre el uno al otro con gran celeridad. Finalmente, el Choshuenco apagó su cima, pero al hacerlo, murió".

De ahí comenté, "Debe haber sido una cosa terrorífica. ¡Yo habría estado muerta de miedo!".

"¡Miedo!", dijo Huenun. "No, yo no tenía miedo, pero sí le recé a Chau. En ese entonces, una herbolaria estaba junto a nosotros y se dio cuenta de que yo no tenía miedo e hizo una observación sobre eso. Esta herbolaria era una *machi*, pero nunca realizó un *machitun*". Quise saber si Huenun tenía algún conocimiento científico con respecto a las erupciones volcánicas y, por lo tanto, le pregunté si había escuchado a alguien dar una explicación de por qué los volcanes hacen erupción.

Él respondió prontamente: "¡Recién les dije que es un espíritu malo que hay en el volcán lo que lo provoca! El Choshuenco tiene uno de esos espíritus malos, y actualmente aún está poseído por ese espíritu malo".

"Por el contrario, Villarrica", siguió diciendo, "da la impresión de tener un espíritu bueno, pero a veces me pregunto si se puede confiar en él; manifiesta un espíritu bueno cuando permite a personas tener piñones que crecen en sus árboles de araucaria; él quiere nutrir a las personas con ellos. Pero, no hace mucho tiempo atrás, hizo erupción por sí mismo y estábamos muy asustados que pudiese destruirse en pedazos. A la sazón, él estaba enojado con uno de esos dueños de fundos chilenos, y por tres días expelió muchas, muchas, muchas piedras candentes. Estas piedras derritieron la nieve en todos sus lados y ocasionaron corrientes que engrosaron los ríos con torrentes incontrolables. Áreas enteras fueron inundadas. Debido a que esta erupción fue pronosticada y que la gente sabía lo que ocurriría, ellos debieron haber realizado un *nguillatun* para prevenirla.

"Esto es lo que había sucedido: un hombre mayor —era un anticuado porque aún usaba una chiripa— se estaba tomando la libertad de caminar a través de un fundo chileno, un fundo ubicado a los pies del Villarrica. El dueño de este fundo era conocido por ser rico. No solamente poseía mucha tierra, sino también tenía un aserradero en ella. También poseía una trilladora. El hombre mayor fue a la casa del dueño y le pidió un trago de agua, pero el dueño se negó a dárselo. Luego, el hombre pidió pan y nuevamente el dueño se lo negó. Entonces el hombre le hizo una advertencia: "Por su falta de amabilidad hacia mí y por cortar árboles de araucaria en Villarrica, usted puede esperar que algo le suceda", y luego subió el Villarrica con gran prisa. El dueño envió a uno de sus inquilinos a ver a dónde se había ido, pero este no lo pudo encontrar. Sin embargo, sus huellas podían ser vistas a un costado del Villarrica —esas huellas estaban muy apartadas, de hecho, dos a tres metros aparte. A su debido tiempo, el volcán Villarrica hizo erupción. Como les conté, el agua se derramó con abundancia por sus costados y arrastró no solo la tierra en una gran parte de ese fundo chileno, sino también su aserradero y su trilladora. El hombre mayor era el espíritu del Villarrica".

"¿Perdieron la vida algunos mapuche?", pregunté.

Él respondió: "Muy pocos, la mayoría de ellos salió y algunos perdieron sus *ruka*". Un hombre joven me dijo que el lamento del Villarrica y el ruido de las piedras rodando por sus costados fue terrorífico. Debido a que ni él ni sus padres podían dormir, caminaron a un sitio más elevado, unos doscientos metros desde donde estaban. Mientras se encontraban allá, vieron cómo su *ruka* fue arrasada por una avalancha de nieve y roca. Algunos mapuche que tenían *rukas* cerca de las orillas del lago Villarrica, tuvieron que huir por la corriente con temperaturas excesivamente altas a causa de la lava ardiente que desaguó en el lago. Otros tuvieron que irse porque las riberas del lago se inundaron —fluyó mucha agua a los lagos de corrientes de nieve derretida. Cuando las tierras están inundadas, decimos que son como los días de *tripako-tripako* es la palabra que nuestros antepasados usaban cuando contaban una historia sobre una inundación. También ustedes pueden leer esa historia en sus propias Biblias. El padre Sigisfredo la denomina la Historia del Diluvio.

"Esta es la historia de los días de *tripako* como la contaban nuestros antepasados. Sucedió hace mucho, mucho, mucho tiempo atrás. Cuando había *tripako*, muchas personas murieron en otros lugares, pero nadie murió donde vivían los mapuche por esta razón: hay una montaña llamada Lanco Huellahue. En ella, un espíritu bueno formó un cerro que es conocido como *tregntregn*. A medida que las aguas subían, las personas se refugiaban en *tregntregn*. Ahí sacrificaron a una niña de unos diez años, una niña tan joven que aún no había conocido el mal. Ellos sacaron su corazón y tiraron su cuerpo al agua —el agua había comenzado a subir alrededor de ellos. Ahora, todos le rezaban a Chau. Cuando el rezo terminó, el corazón de la niña también fue lanzado al agua. Esto es diferente al *nguillatun*: allí, el corazón de una oveja es consumido por el fuego mientras todos los que participan del *nguillatun* observan. Tan pronto como la niña fue sacrificada, el *tregntregn* empezó a hacer crecer dos pilares, uno de oro y uno de plata. Para salvarse, las personas escalaban estos pilares. A medida que el agua subía, los pilares crecían más alto y así las personas estaban siempre seguras en ellos. Esa es la historia del *tripako*. Hoy usamos la palabra *tripako* cuando nos referimos a que el lago Villarrica está subiendo su nivel porque el volcán está en erupción".

Narrar esta historia lo hizo recordar otra acerca de una inundación. "Cuando era un niño pequeño", comenzó, "un hombre mayor me contó que una vez un toro se cruzó en un río y de ese modo detuvo su flujo normal. A medida que el agua subía, inundó sus riberas y toda el área. En ese momento, un hombre y una mujer vinieron con una lanza. Con ella apuñalaron al toro y su sangre tiñó el agua de rojo. Esa es toda la historia. El padre Sigisfredo dice que la historia lo hace pensar en la Travesía a través del Mar Rojo".

Después de un refrigerio, le pregunté a Huenun si los mapuche rezaban a los espíritus, tales como al espíritu del Villarrica. "No, a esos espíritus no", él respondió. "Nosotros le rezamos a Chau; siempre le hemos rezado a Chau. Sabemos que los espíritus también ocupan piedras, pero nosotros no le rezamos a ellos, solo a Chau".

"En Argentina, hay piedras pequeñas, tanto redondas como planas, que tienen piernas cortas con pies pequeños y se pueden mover. Cada una tiene un espíritu dentro de ellas, un espíritu que puede convertirse en un gato, perro u otro animal, o en un *huinca* o *gaucho*. Un pariente mío trajo una de estas piedras cuando volvió de Argentina. Él la había visto caminar mientras él estaba reuniendo a las ovejas en una estancia allá; la recogió, la trajo a casa y la puso dentro del corral con sus animales. Ahora, nosotros en este lado de la Cordillera tenemos una costumbre; cuando se mata a un animal grande, una porción de su oreja es cortada y tirada al fuego —este es un sacrificio a Chau. Pero, en Argentina, el dueño le entrega a dicha piedra esta porción cortada en pedazos pequeños junto con un poco de la sangre del animal. Si esta ofrenda es desatendida, el espíritu de la piedra está propenso a dañar los animales del hombre; incluso puede enviarles una enfermedad y matarlos a todos. Mi pariente nunca dejó de hacer el sacrificio a la piedra. Tal piedra es llamada *wichalkura* cuando es usada por gente común; cuando es usada por una *machi* se le conoce como *lican*".

A estas alturas, me hubiese gustado preguntarle cómo se encontraban los animales en el corral de su pariente y quién poseía la piedra ahora, pero era mejor no interrumpirlo. Fue directo a contar sobre otra piedra que poseía magia. "Hay una piedra que llamamos *llanka*, que es por lejos la piedra más poderosa. Esta piedra tiene un hoyo en el centro, no así la *lican*. Nuestros antepasados siempre han dicho que la *llanka* perteneció a un pueblo que vivió aquí antes que los mapuche. Conozco a un mapuche —él vive de acuerdo con nuestras viejas costumbres, es decir, como todos los mapuche vivían antiguamente— que obtuvo una *llanka* de un *kalku* que vive en la costa del Pacífico. Todos los años, este hombre, cuando el ganado es marcado y las orejas de las ovejas son cortadas para demostrar dominio [siguiendo una orden emanada del gobierno chileno], pone la sangre de su ganado y las partes de oreja de sus ovejas en una pieza de alfarería y la deposita junto a su *llanka*. Luego envuelve la pieza de alfarería en un poncho y todo lo entierra en su corral. Lo he visto hacerlo. Hay una creencia mapuche antigua, en que entonces una *llanka* se transforma en un pájaro o animal grande y sale entre los caballos, vacas y ovejas del dueño y los ayuda a multiplicarse".

Se sentó a reflexionar por un momento y luego dijo, "Pero un hombre que tiene tantos animales es mejor que restrinja su aumento para que no se convierta en tan rico ya que algunas personas estarán celosas de él y contratarán a un *kalku* para provocarle daño". Después añadió enfáticamente, "¡Esos *kalkus* son personas despreciables! Una *kalku* aprende magia negra de otra, por lo general de una mayor que ella. En este valle, hemos tenido tres *kalkus* poderosas y yo las he conocido. La que aún vive está relacionada conmigo. ¡Yo detesto a las *kalkus*! ¡Son personas despreciables! ¡Hipócritas!".

Huenun me contó que uno de los vecinos había visto a la *kalku*, que estaba relacionada con él, ocupada cerca de las raíces de un árbol viejo en su campo. Después que ella se había ido, el vecino cavó un hoyo alrededor de las raíces y encontró una molleja de ave. Llevó la molleja a otra *kalku*, una que tenía antídotos para la brujería. Esta *kalku* examinó la molleja, la tiró a un río cercano y no dijo nada. Huenun concluyó que la *kalku* debió haber usado un antídoto porque ¿de qué otro modo pudo haber sido para que nada le sucediera al campo de ese hombre?

Huenun estaba seguro de que la brujería había sido usada en sus propios campos. Él comenzó: "Esto sucedió hace tres años atrás, entonces yo tenía una cosecha limitada y he tenido una insuficiente desde entonces. El año pasado, mientras estaba arrancando arbustos de mora en uno de mis campos, reparé en plumas de ave que se dejaban ver a poca distancia en la tierra. Las tiré, cavé más profundo y encontré una molleja de ave. Este otoño, mi cosecha ha sido tan pobre que tendré que comprar semillas cuando llegue el tiempo de sembrar nuevamente. Entre este momento y el tiempo de siembra, solo estoy cosechando trigo suficiente para satisfacer las necesidades de mi familia.

"Estoy convencido que es la *kalku*, que aún vive en esta área, el que está provocando daño a mis campos. Su familia está enojada conmigo. Dicen que la tierra que yo cultivo les pertenece a ellos, pero eso no es verdad. A mi esposa, su padre le dio esa tierra, de hecho, debemos poner una demanda por más tierra porque su padre quería que nosotros tuviéramos un pedazo adicional. Mientras su padre vivía, anotó en un pedazo de papel la descripción de la tierra y la sección exacta que él tenía en mente. Lo más triste es que no podemos encontrar quién tiene ese papel; alguien debe tenerlo. Si solo pudiésemos averiguar quién lo tiene, sabríamos cuál porción de tierra adicional es la que debemos reclamar. Quizás este *kalku* tiene el papel. Mi esposa y el marido de la *kalku* tenían el mismo padre, pero mi esposa es la hija de su primera esposa. El marido de la *kalku* es hijo de su segunda esposa. Ahora bien, el padre le otorgó más tierras a los hijos de su primera esposa que a aquellos de su segunda esposa —eso es, por todos, sabido— y por esa razón *la kalku* y su grupo están celosos de nosotros. También, el padre de mi esposa registró su tierra con el *lonko* —en ese entonces, toda tierra estaba registrada— pero eso fue hace treinta años atrás cuando cada *lonko* registraba todas las tierras cuyos dueños eran mapuche bajo su mando. Me gustaría tener acceso a estos registros, pero se me dice que ya no están disponibles. Cuando encontré esa molleja, debí haber contratado una *kalku* para deshacer el daño provocado a mis campos, pero detesto tratar con *kalku* porque son personas despreciables". Francisca sugirió que probara esparciendo fertilizante en sus campos. Huenun replicó, "Un saco de él cuesta más pesos que los que puedo juntar en un año".

"¿Por qué no recolectar el estiércol de vaca de los terrenos de engorda y usarlos como fertilizante?, sugirió Francisca. Él la miró en forma altanera y no dijo nada.

Le pregunté por qué no llevaba su problema a la Corte Chilena de Reclamos y Reivindicaciones para los Mapuche.[21] Él respondió que lo haría si la Corte aún estuviera en Valdivia —los jueces siempre les habían dado, a los mapuche, una audiencia justa y un acuerdo honesto— pero esto no es efectivo para la Corte actual.

Después, contó acerca de una instancia de revancha en la cual la brujería estaba castigando a una familia entera: "Un conjunto de *kalku* fue contratado. Se reunieron en una sesión secreta —a esto lo llamamos *reniruka*— y enviaron enfermedad sobre esta familia; una enfermedad llamada *moilfun kutran*. Esta es una enfermedad tremenda; sangre sale de la boca y la nariz. Cuando un mapuche le hace algo así a un chileno o si solo hechiza los campos chilenos, el chileno se desquita pidiéndole a un hechicero que deje ciego al culpable. Ustedes pueden estar seguras de una cosa: un *kalku* siempre está involucrado donde quiera que se haga mal".

En la zona costera, habíamos escuchado que cuando era encontrada carne hechizada en los campos —había sido enterrada allá— esta era colgada sobre la hoguera en la *ruka*. A medida que la carne se encogía, el cuerpo del culpable también lo hacía, y finalmente, él moría a no ser que la persona ofendida se compadeciera de él y removiera la carne. Huenun no había escuchado sobre esto, pero sí había visto un huevo hechizado sacado de un campo y colgado sobre el fuego después

[21] N.del. T: Probablemente hace referencia a la Corte de Apelaciones.

de penetrarle dos palillos largos cruzados a través de él. Se esperaba, él dijo, que debido a esto el hombre, que había plantado el huevo en el campo, se volviera ciego, lisiado o que muriera. Él también había oído decir que las personas que encontraban carne hechizada en sus campos colocaban madera en forma de cruz y prendían fuego en sus cuatro ángulos: se creía que cuando esto era hecho, ningún daño vendría a los campos. "El gran problema", dijo Huenun, "es encontrar la carne o los huevos". Ahora uno tiene buenas razones para sospechar de brujería, la destrucción del grano ya ha avanzado muy lejos como para terminar con un tratamiento opuesto.

"Les quiero contar acerca de una más de nuestras creencias, y después me debo ir a casa: es sobre la ayuda que nos dan los buenos espíritus del mundo. Achicheo era un león, un espíritu que comprendía al hombre, que en tiempos de guerra se comunicaba con nuestra gente dispersa por varios lugares. La comunicación debió haber sido hecha como lo hacen en la actualidad. Un hombre que trabaja acá en un cerro se comunica con alguien en Santiago por medio de la luz. Achicheo también tenía oficinas; estas estaban dentro de la tierra. Pillikuchi ocupaba una de estas oficinas; de hecho, vivía en ella. En Quilche, Achicheo tenía otra oficina ocupada por Kaulfumallen, un espíritu que acompaña al hombre. Cuando Pedro de Valdivia trató de exterminar a los mapuche, Achicheo y sus ayudantes fueron con los mapuche y los ayudaron en su pelea. Achicheo tenía un lazo hecho de pelo de zorro —parecía una serpiente— y con él hizo puentes a través de los ríos para que los usaran los mapuche. El enemigo, en persecución de los mapuche, también usaría los puentes, pero una vez que estaban a medio camino el puente colapsaría, se caerían al río y el enemigo desaparecería por completo.

"Después había otro tipo de puente que también fue usado en tiempos de guerra. Este puente fue construido, con su propio poder, en un lugar donde se necesitaba para vencer al enemigo o huir de ellos.

"En tiempos de guerra, algunas *machis* tenían conexiones con espíritus que salieron del volcán Villarrica. Una de esas *machis* erigió, en una hilera, estacas tan altas (señaló entre un metro y metro veinte de altura) y rezó. Pronto, estas estacas cobraron vida y ayudaron a los mapuche a quemar la ciudad de Valdivia".

"Les he contado algo más sobre nuestras antiguas costumbres mapuche, algunas de las cuales son aún costumbres nuestras. Es una lástima que aún tengamos esos detestables *kalku*. Ahora, debo irme a casa".

Le di a Huenun algo de dinero con el cual comprar trigo, el equivalente a un día de trabajo. Se despidió y se fue cabalgando.

CAPÍTULO VII

Creencias y ceremoniales religiosos

Esta mañana, Huenun parecía estar triste. Él explicó que no podía dejar de pensar en un pariente que había sido enterrado el otro día. "Se murió muy pronto", se lamentó, "Tenía solo sesenta años, o quizás setenta. Él era mi tío por el lado del padre de mi madre y también tío de mi esposa. Su abuelo fue el primer asistente del gran *lonko* Katrinir, que perteneció a una de las familias más respetadas en esta área. Lo enterramos en un ataúd como lo hacen los chilenos. Hasta hace poco, todos eran enterrados en un *trolof*, es decir, en un tronco de árbol cortado a lo largo en mitades. Cada mitad es ahondada para que parezca un bote y el cuerpo es colocado entre las mitades. Actualmente, aún hay entierros ocasionales en un *trolof*.

"En mi camino a casa después del entierro, pensé en nuestras antiguas creencias religiosas y en nuestra antigua forma de hablarle a Chau. Me dije a mí mismo, "¿Dónde está mi pariente ahora? ¿Se ha ido él al cielo de los *huinca*? ¿Se ha ido al *pillañ* donde nuestro pueblo va cuando muere? ¿Dónde está ahora?". Una vez él me contó que tuvo un sueño: hombres estaban cabalgando a lo largo del borde de un cráter; bailaron allá también. Tenían una *trutruka* y llevaron banderas." (Huenun había hecho una *trutruka* separando un tallo de colihue [*Chusquea culeou*] en mitades, sacando el centro de cada uno y amarrándolos con hojas de chupón, y luego tirando un intestino de caballo sobre ellos para contener firmemente todo junto. El extremo inferior del colihue lo cubrió con una parte de un cuerno de vaca). Huenun advirtió que su tío había tenido este sueño dos veces, y cada vez justo antes del amanecer —la primera vez alrededor de veinte años atrás. Aquel sueño revela que un alma será bien recibida en el *pillañ*. Huenun se sentó triste y pensativo.

Le pregunté, "¿Dónde está el *pillañ*, Huenun?"

"No sé dónde está su cielo", él replicó, "pero el *pillañ* está allá, cerca de los volcanes, cerca del Villarrica, Choshuenco, Quetropillán y todos los otros. Los *ngenpin* están en el *pillañ*; todos están allá. Nosotros le pedimos a los *ngenpin* en el *pillañ* que le pidan a Chau que nos conceda lo que más necesitamos a la sazón, tal como ustedes le piden lo que necesitan a sus santos —San Isidro, San Sebastián y otros.

"Cuando estaban vivos, los *ngenpin* eran profetas. Ellos profetizaban a través de los sueños. En Panguipulli, uno de esos hombres era mi abuelo. Por lo general, un *ngenpin* es descendiente de un *lonko*, pero mi abuelo no lo era. Los *ngenpin* tienen un rol importante entre nosotros. No solo son líderes en el *nguillatun* sino también sus dictámenes son significativos y muy respetados por los *lonko*. De hecho, algunas veces las decisiones del *ngenpin* en materias importantes son más obedecidas que las del *lonko*. Cuando yo era un hombre joven, en Quilche había un *ngenpin* sumamente respetado. Ahora hay uno solo en esta área, una mujer mayor a la que todos llaman simplemente Ngenpin".

"¿Cuántos profetas hay en el *pillañ*?", le pregunté.

"No tengo idea", él contestó, "Ellos están todos allá. ¡Cómo puede alguien saber su número! ¿Por qué es importante saber esto? En el *pillañ* también hay mujeres a las cuales llamamos *pillañ kuche* —en un momento, ellas llevaban el compás con los tambores para los bailes en el *nguillatun*. No me pregunten cuántas hay en el *pillañ*; no sé la respuesta".

Deseaba saber, entonces, si Dios estaba en el *pillañ*. "No, Chau no está en el *pillañ*. Él debe estar en algún otro lado". "¿Saben ustedes dónde está Él? Nosotros tenemos tres nombres para Dios: Chau, Ngünechen y Nünemapun. Ustedes, nosotros y todos los *huinca* le rezan al mismo Dios. Yo no tuve que cambiar mi creencia en Dios cuando me convertí en un cristiano; nuestro Dios es el mismo de ustedes, solo que nosotros lo llamamos Chau —siempre lo hemos llamado Chau. Cuando rezamos oraciones cristianas y aparece la palabra Dios, nosotros decimos Chau en vez de Dios. Cuando pensamos y hablamos de Chau como dominador del mundo, nosotros pensamos y hablamos de él como Ngünechen; cuando nos referimos a él como el creador del mundo y de las personas, lo llamamos Nünemapun. Mi abuela y mis tíos —mi abuelo no, porque rara vez me contó algo— solían aconsejarme para que le pidiera a Nünemapun, el Creador de todas las cosas, que mantuviera alejada toda enfermedad de nuestro hogar y protegiera a mi familia. Mis abuelos, que vivieron aquí antes de que los misioneros vinieran, no eran cristianos, pero sabían que había Alguien que los había creado. Cuando pensamos en la mujer que está con Chau, pensamos en ella como Wenümapu ñuke, nuestra madre, y le pedimos que obtenga de Chau por lo que estamos rezando". Francisca comentó que, a menudo, ella se había preguntado si esta creencia tuvo su origen en la devoción católica a la Madre de Jesús. Él replicó, "No, *wenumapu* no es la madre de Chau; ella es su esposa o mujer. Pero, jamás nada se dice acerca de los hijos de estos dos".

"Nosotros ofrecemos dos tipos de sacrificios, estas son costumbres antiguas. Las personas ofrecen sacrificios pequeños en su hogar, y las familias ofrecen unos más grandes en el *nguillatun*. Los sacrificios menores son ofrecidos cuando el relámpago brilla y el trueno detona y retumba airadamente alrededor. En estas ocasiones, ponemos rescoldo fuera de la *ruka* y tiramos granos de trigo en él. Las palabras no son necesarias; se entiende que los granos que se queman son una oración pidiéndole al *tralkan* [espíritu del trueno] que no dañe nuestro lugar.

"También se realizan ofrendas de comida al interior del hogar. Cuando mi abuela cocinaba ave y este alcanzaba su punto de cocción, ella tomaba una cucharada de caldo, salía de la *ruka* al jardín y la tiraba hacia el cielo con una oración a Chau para que nuestra familia fuera bendecida con más de todo, que todos estuviésemos bien y que el espíritu de la enfermedad no nos afectara. También, antes de darle la comida a todos, ella tiraba una cucharadita de esta al fuego. Ella no obligaba a nadie más a hacer estas ofrendas —incluso no había ninguna obligación para que ella lo hiciera. Yo nunca he hecho tales ofrendas, pero vi a ella hacerlas. Todas estas eran consideradas como pequeñas ofrendas personales.

"Si las personas querían rezar juntas y ofrecer sacrificios mancomunadamente, ellas realizan un *nguillatun*. Pero, antes de contarles acerca de nuestro *nguillatun*, les quiero contar sobre nuestros *lonkos*. El *lonko* es el que da las órdenes para que un *nguillatun* sea llevado a cabo, y hoy en día en nuestro valle, prácticamente el único derecho que le queda al *lonko* es el de anunciar la celebración de un *nguillatun* y luego dirigirlo. Nuestro *lonko* rara vez dirige uno —otros hombres lo hacen. Yo espero poder dirigir uno antes de que sea muy tarde".

Ahora, Huenun enfatizó la importancia de los *lonko*. "Siempre han habido *lonko*", él dijo, "y siempre los hubo. Hoy son los líderes del pueblo. Todo mapuche nacido tiene el derecho al liderazgo de un *lonko*, y también todo mapuche nacido en un área tiene derecho a poseer tierra en ella. El solo hecho de que un hombre posea tierra en un área lo pone bajo el mando del *lonko* correspondiente a esa área. Cada *lonko* conoce sus límites de jurisdicción y sabe quiénes forman parte de su pueblo. Él conoce quién posee qué pedazo de tierra porque tiene un registro de posesión de tierras en su área —o, al menos, él debiese tenerlo; esa es una de sus obligaciones.

"Como ya les he contado, una obligación principal del *lonko* es reunir a su pueblo y convenir con ellos los días en que el *nguillatun* se ha de celebrar. Si se ha de celebrar uno mancomunadamente con familias de otros *lonkos*, es el deber de cada *lonko* enviar una orden, a todas las familias bajo su mando, indicando que se han de reunir en un *aillarewe*, una asamblea general con familias de los otros *lonkos*. El momento para un *nguillatun* mancomunado, el *aillarewe*, es acordado, y si hay otros asuntos importantes o pertinentes a todas las familias reunidas, estos también son discutidos". Huenun añadió que cuando él era joven, su familia perteneció al *aillarewe* que se reunía en Quilche. Allá llegaban los *lonkos* y familias de Mailef, Cudive,[22] Coigüe y Malalhue. El gran *ngenpin* vivía en Quilche, y el *lonko* más docto y autoritario vivía en Coigüe. Ahora, Huenun pertenece al *aillarewe* que se reúne en el área de Panguipulli. A él vienen los pueblos de Panguipulli, Colcod y Tralcapulli. El *lonko* más sobresaliente y autoritario de este grupo vive en Panguipulli.

Huenun continuó, "Un hombre es un *lonko* porque su padre lo fue antes que él, el padre de su padre anteriormente y así por mucho tiempo atrás". Un *lonko* no tiene ningún estandarte que lo identifique como tal, pero todos saben quién es y se dirigen a él por su nombre. En tiempos pasados, si él era un hombre rico —muchos *lonko* lo eran— él, al igual que otros hombres ricos, usaba un cuello de plata con una pechera colgando de él para que las personas supieran que era un hombre pudiente. Huenun pensaba que tal ostentación era imprudente. Él dijo que ese hombre estaba corriendo el riego de despertar recelo y, por consiguiente, provocar que en su tierra pudiera caer algún maleficio.

En el pasado, los *lonko* eran los hombres más prominentes del pueblo, algunos más que otros. Katrinir fue el más conocido de los cuatro *lonko* del área de Panguipulli. Otros *lonko* destacados fueron Katrilaf, Allapan,

[22] N. del T.: No fue posible encontrar la locación de estos topónimos (Cudive y Colcod), puede que contengan errores de escritura o correspondan a nombres de áreas que hoy no se denominan así.

Puelpan, Licanpan y Katripan. Los juicios de Katripan eran tan respetados que *lonko* de lugares distantes como Pitrufquen, venían a tratar asuntos con él. Si sucedía que dos *lonko*, en lo que hoy es Argentina, tenían una disputa también desde allá venían a buscar a Katripan para que él la zanjara. Por otra parte, Shaihueco, que vivía en el lago Huechulafquen en lo que hoy es el límite entre Argentina y Chile, también era requerido por sus juicios para superar disputas en el lado argentino. Pregunté si los mapuche que vivían en lo que ahora es Chile y aquellos que vivían en lo que hoy es Argentina, alguna vez habían peleado entre ellos. Él respondió, "No, ¡nunca! Siempre hemos sido amigos.

"Ahora quiero contarles sobre el *nguillatun*", continuó Huenun. "Como les dije, si la gente quiere rezar en conjunto y ofrecer sacrificios mancomunadamente, ellos realizan un *nguillatun*. Como acabo de decir, la decisión de realizarlo es tomada ya sea por el *lonko* junto a los padres de familia bajo su mando, o por los *lonko* de varias áreas contiguas si se va a hacer una ceremonia en conjunto. Antiguamente, más de mil personas asistían al *nguillatun* colectivo. El propósito principal de un *nguillatun* es pedirle a Chau un clima favorable durante el tiempo de cosecha. Ya que ahora es tiempo de cosecha, muchos mapuche hablan de realizar un *nguillatun* porque un clima desfavorable podría ser un desastre. En todas las otras ocasiones, un *nguillatun* es celebrado solo cuando una calamidad amenaza al pueblo o a un individuo. Cuando yo era un niño muy pequeño, el volcán Llanquihue hizo erupción: lanzó cenizas hasta Panguipulli y todo estaba blanco. Rápidamente, todos se prepararon para un *nguillatun* en respuesta a un llamado del *lonko*. También se ofrecieron sacrificios menores en los hogares mientras se hacían todos los preparativos para el más grande. Recuerdo, también, un terremoto muy fuerte y alarmante. Entonces, también todos hicieron preparativos para un *nguillatun* rápidamente. Hoy en día, nosotros también realizamos inmediatamente un *nguillatun* después de que una tormenta de viento se apacigua, o mientras una lluvia interminable está destruyendo nuestros granos, o cuando se declara una epidemia entre nuestros animales o nuestro pueblo".

Luego, Huenun contó sobre el origen del *nguillatun*. "Nuestros antepasados nos han enseñado que los mapuche siempre han realizado *nguillatun* ininterrumpidamente desde que se formó el *tregntregn*, y nunca han descuidado su ejecución. Así es como un *nguillatun* se originó: poco después que el *tregntregn* apareció, un *ngenpin* —que vivía a unos dos kilómetros del actual Panguipulli— tuvo un sueño en el cual se le contaba que nuestro pueblo debía ofrecer animales como sacrificios a Chau. Desde entonces, jamás hemos faltado a la obligación de hacerlo. Las ofrendas de animales como sacrificio es el ceremonial más importante de un *nguillatun*. En su sueño, este *ngenpin* también aprendió que el color amarillo debía ser el protegido en la ceremonia, ya que es el color del amanecer y el más agradable a Chau. Por consiguiente, animales de color amarillo son ofrecidos —eso es, si los tenemos".

Ahora, Huenun sacó de su alforja un cuaderno pequeño, viejo y raído, pero muy preciado. Se lo había dado un tío viejo que había escrito en él lo que pensaba que futuras generaciones de mapuche debían saber. Otro día, Huenun nos había mostrado los nombres de ochenta y cuatro *lonko* que su tío había anotado y había dicho que ellos habían sido líderes sucesivos de los mapuche "en verdad, desde tiempos muy remotos". Hoy, nos quería leer los que él mismo había añadido mientras su tío le dictaba —el tío ya estaba muy viejo para escribir. Algunas líneas las leyó en voz baja para sí mismo —estas estaban escritas en mapudungun— y las tradujo para nosotros: antiguamente, cuando se necesitaban cielos despejados y clima soleado, los *lonkos* de la costa del Pacífico reunían a los padres de todas las familias bajo su jurisdicción, y en conjunto decidían una fecha para celebrar el *nguillatun*. En el día de apertura, el padre de cada familia traía una pequeña cantidad de tinte de anilina azul, que se la daba al ayudante principal del *lonko* —a este ayudante lo llamaré capitán. Los hombres, intervino Huenun, tomaban el tinte azul de la provisión que tenían en su mano las mujeres. Él señaló que la cantidad era del tamaño de su dedo pulgar desde la yema hasta la base de la uña. Las mujeres habían negociado el tinte con vendedores ambulantes que venían entre ellos, como todavía lo hacen. El tinte, que a veces ascendía a un kilo, era enviado al *lonko* más próximo en el camino a la Cordillera. Este *lonko* reunía a todos los padres de familia bajo su mando y también decidía el día para celebrar el *nguillatun*. Aquí nuevamente, en el día de apertura, cada padre traía una pequeña cantidad de tinte de anilina azul. El *lonko* agregaba esta a la cantidad que le había sido enviada, y a su vez enviaba todo esto al próximo *lonko* en línea. Cada *lonko* hacía lo mismo hasta que llegaba al primer *lonko* al otro lado de la Cordillera. Esto era lo que se hacía cuando se necesitaba un clima soleado y cielos despejados.

Si, por otra parte, había sequía y se necesitaba lluvia, un *lonko* del otro lado de la Cordillera instigaba una serie de *nguillatun*. En vez de tinte de anilina azul, el primer *lonko* enviaba tabaco al siguiente, y así sucesivamente a los próximos *lonko* en la línea hasta que llegaba al último en la costa del Pacífico. Pero, en vez de agregar tabaco a la cantidad enviada, cada *lonko* tomaba una pequeña porción de él. Le pedía al *ngenpin* que lo fumara y arrojara el humo hacia el cielo. Huenun concluyó: "El tinte azul es enviado hacia la Cordillera porque en esa dirección el sol amanece y los cielos están azules y despejados; el tabaco es enviado hacia el Pacífico cuando se necesita lluvia porque allá es donde está el agua. A los cielos despejados y clima soleado nosotros lo llamamos *kallful wenodagno*; y al clima lluvioso lo denominamos *kallfuchiwai*".

Tanto la manera en que cerró su pequeño cuaderno viejo y lo volvió a colocar respetuosamente en su alforja, así como la forma en que lo olía, me hizo pensar en cómo tratamos en nuestras bibliotecas a los libros muy apreciados.

Caligrafía de Huenun Ñamku. A la izquierda están los versos de una canción en mapudungun; a la derecha la traducción al español de la canción.

Teresa, hija de Huenun, usando el traje tradicional mapuche y joyas de plata.

Familia y hogar de Huenun Ñamku. De izquierda a derecha se encuentra: Rosamella de tres años, Jerónimo, Mariañuke, la madre de Mariañuke, que tiene más de cien años, Huenun, Lauriana, la hermana de Mariañuke, y Hortensia de doce años.

Arado de madera fabricado y utilizado por Huenun para arar su campo.

"Ahora les voy a contar sobre el *nguillatun*. He preparado lo que les voy a contar. Mi esposa, su madre y yo lo discutimos ayer en la tarde; por consiguiente, hoy lo puedo contar bien y no será necesario que me hagan preguntas". Eso significaba que no había interrupciones. ¡Muy bien, Huenun!

Y esto fue lo que contó: "Los lugares, en el área de Panguipulli, donde aún se realiza el *nguillatun* son Panguipulli, Calafquén, Huitag, Anacomoi[23] y Choshuenco. Cada *lonko* reúne a los padres de familia bajo su mando y juntos deciden el día y lugar para el ceremonial —aquellos que desean hacer ofrendas de sacrificio deben decirlo. Luego, todos se van a sus hogares (he notado que, por lo general, aquellos que van a ofrecer sacrificios son los que tienen animales amarillos. Como les dije anteriormente, el amarillo significa clima favorable en tiempos de cosecha). El *nguillatun* se lleva a cabo frecuentemente en la misma pampa en la cual siempre se ha realizado; esa pampa es considerada tierra sagrada. Se pueden jugar juegos de pelota en ella y también el ganado puede pastar allá, pero una vez que se construye una casa, ya nunca más es tierra sagrada.

"El día de apertura en la mañana, todas las familias parten de sus hogares. Cada hombre con su *pifulka* colgada de su cuello. Los hombres guían a los animales que van a ser sacrificados, y las mujeres los siguen con tortillas, *muday* y harina". Una *pifulka*, Huenun explicó, es un pedazo de madera o piedra plana con una o varias aberturas en un extremo. Se producen sonidos al soplar a través de las aberturas al igual como se toca una flauta. El *muday* es el brebaje alcohólico tradicional, hecho por mujeres mayores que desmenuzan semillas de grano o maíz, las arrojan en un contenedor y permiten que se fermenten ahí. Con mucha seriedad, dijo Huenun, "En el *nguillatun*, nunca se bebe chicha, y nunca nadie consume *muday* hasta un estado de intoxicación". Él fue enfático con respecto a esto.

Continuó: "Las personas que ofician el *nguillatun* son dos *ngenpin* —ellos son los ayudantes del *lonko*. A ellos dos los llamaré capitán y sargento— el capitán tiene obligaciones más importantes que el sargento. Después, hay dos mujeres mayores, muy respetadas, a quienes llamamos

[23] N.del. T.: No fue posible encontrar la locación de este topónimo, puede que contenga errores de escritura.

pillañ kuche, y dos niñas jóvenes. Hoy, a veces se le pide a una *machi* que ayude, probablemente eso es porque ella puede, mejor que nadie, recordar los detalles del ceremonial debido a que es una de las pocas que aún vive casi totalmente de acuerdo con nuestras viejas costumbres y, por lo tanto, las recuerda mejor. Antiguamente, ninguna *machi* tenía nada que ver con el *nguillatun*; ella estaba presente, pero al igual que como todas las otras personas".

Las dos niñas jóvenes son elegidas por uno de los *ngenpin*. Estas niñas deben tener la edad suficiente para cabalgar y deben saber cómo servir la comida, pero bastante jóvenes para no tener aún la condición de mujer. El *ngenpin*, a veces, escoge a las hijas del *lonko* y otras veces a niñas que ha visto en sueños. Les comunica su elección a los padres, y estos contentos traen a las niñas a la pampa sagrada. Cuando vienen, cada niña usa un cinto azul.

Mientras las personas están aún llegando, se prepara el fuego sagrado al centro de la pampa. Cualquier niño u hombre puede hacerlo. Se recogen rescoldos desde la *ruka* más cercana y se usa el tronco de un manzano seco como combustible. Es este fuego el que consumirá a los animales sacrificados. Afuera de la pampa sagrada, la comida es preparada en hogueras bajo quitasoles que las familias traen para protegerse del sol.

Ahora, Huenun sacó, desde su alforja, un diagrama que él había preparado para contarnos sobre el *nguillatun*. En él había indicado la ubicación de las distintas actividades y las posiciones de los participantes. Iba mostrando cada una a medida que las explicaba. Al sur, a una corta distancia del fuego sagrado, las dos mujeres mayores se sientan golpeando sus *kultrun* con palillos y cantando juntas canciones al ritmo de ellos. Las mujeres y los niños bailan alrededor de ellas hasta que se hayan cantado cuatro canciones. El sargento hace bailar a los niños que no lo estén haciendo. Los niños aprenden en el *nguillatun* acerca del autocontrol, y sus padres también les dan buenos consejos. "Ahora sé que me beneficié con los consejos que entonces me dieron mis tíos", dijo Huenun. "A los niños, ahora, se les cuenta también sobre los orígenes de su pueblo; que los primeros mapuche crecieron de la tierra como lo hace el pasto y que había un pozo en el cual crecieron los animales y del cual aparecían, y otras cosas igualmente importantes".

Al finalizar la cuarta canción, cada hombre amarra su brazo izquierdo con el brazo derecho de una mujer y bailan en formación alrededor de las dos mujeres mayores. Cada hombre va tocando su *pifulka* al ritmo de los golpes del tambor. Hay un solo tipo de baile y se hace en sentido contrario al de las agujas del reloj. Durante el baile, el capitán y otro hombre, ambos a caballo, van moviendo un banderín atado a la punta de un tallo largo de colihue. Un banderín azul y otro amarillo. Actualmente, los banderines están hechos de tela, pero antiguamente las mujeres los tejían con hilo teñido.

Francisca anunció que era tiempo de ir a comer. Después de su siesta de costumbre, Huenun continuó: "Una vez escuché decir que los mapuche en Argentina imitan animales en sus bailes, pero nosotros, en este lado de la Cordillera, no bailamos de esa forma". (Durante nuestro estudio sobre los mapuche argentinos en 1951-52, encontramos que él había sido informado correctamente).

Ahora, Huenun cantó tres de las canciones cantadas por las mujeres en mapudungun y las tradujo —él no se sabía la cuarta. Dijo que cada canción consistía en repeticiones de líneas y cada línea era cantada en un tono diferente. Él comenzó: "Número uno: 'Yo era un volcán. Yo llegué al volcán'. Número dos: —Quiero espantar el viento que viene del sur. Quiero enviar nubes amarillas al norte'. Él explicó, —Para nosotros acá en Panguipulli, el clima desfavorable viene desde el sur, ese es el que daña nuestro trigo y debería irse al norte'. "Número tres: 'Yo vengo y traigo dos niñas. Viento aparta las nubes'. Cuando se está cantando 'Viento aparta las nubes', alguien retira los cintos azules de las niñas, y los agitan junto con el banderín azul y el amarillo. Esto significa que vientos favorables deberían apartar el clima desfavorable".

Él continuó: "Ahora, cada niña monta un caballo —una un caballo blanco y la otra uno amarillo— si no hay un caballo amarillo disponible, puede ser uno de color rojo oscuro. Campanas pequeñas cuelgan de las riendas de los caballos, y sus ancas y cuellos son decorados con rayados en forma de círculos y diamantes azules —nuevamente azul, significando clima despejado. Los diseños no tienen ninguna importancia.

A continuación, cada niña hace pareja con uno de los dos hombres a caballo y los cuatro cabalgan en fila, haciendo una ruta elíptica que ha de servir como la línea límite del área dentro de la cual todas las actividades deben llevarse a cabo. Ellos cabalgan la ruta cuatro veces y cada uno de los hombres va moviendo el banderín. Al lado oeste del fuego sagrado hay dos hombres, cada uno soplando una *trutruka* —cualquier otro hombre que haya traído su *trutruka*, es bienvenido y puede unirse a ellos. Los dos hombres y las dos niñas terminan sus cabalgatas al lado sur de los bailarines, no lejos de las dos mujeres. Los hombres se bajan de sus caballos y colocan los tallos de colihue, que llevan los banderines, acá en la tierra.

Ahora comienzan los ceremoniales de sacrificio. Mientras las dos mujeres mayores golpean su *kultrun*, el sargento le da al capitán una gallina amarilla y una pipa llena de tabaco —en el *nguillatun*, las pipas deben ser de madera o greda. La gallina y la pipa han estado descansando cerca del lugar donde fueron colocados los banderines. El capitán, sosteniendo a la gallina por las patas y balanceándola hacia el cielo, dice una oración de petición: él reza por clima favorable, por una cosecha abundante, por salud para su pueblo y animales, por un incremento en la cantidad de animales, y por cualquier otra cosa que desee. Después que se han dicho las oraciones, el sargento parte el cuello de la gallina y arranca su cabeza, las tira al suelo y se sienta a su lado, aspirando su pipa y tirando el humo hacia el cielo, hasta que ella haya muerto. A continuación, el sargento tira la gallina al fuego sagrado en donde es consumida completamente. Si alguien ha traído una gallina para ser sacrificada, esta también ha sido muerta y ahora puede ser tirada al fuego.

Luego, ovejas, terneros y quizás un potrillo que, hasta ahora, han sido atados cerca de ahí, son preparados para el sacrificio. Hay dos formas en que la sangre de estos animales puede ser ofrecida: el animal puede ser muerto y su sangre exprimida desde el corazón y desparramada, o el corazón latente del animal vivo puede ser arrancado y dejar que su sangre salga a chorros con cada latido. En cualquiera de los casos, el capitán sostiene el corazón para que todos lo vean mientras ora, "¡Escúchanos, Chau! Estamos todos unidos en esta oración. Escúchanos, Padre arriba a lo lejos y la mujer con él. ¡Escúchanos! Danos cielos azules de modo que tengamos una buena cosecha".

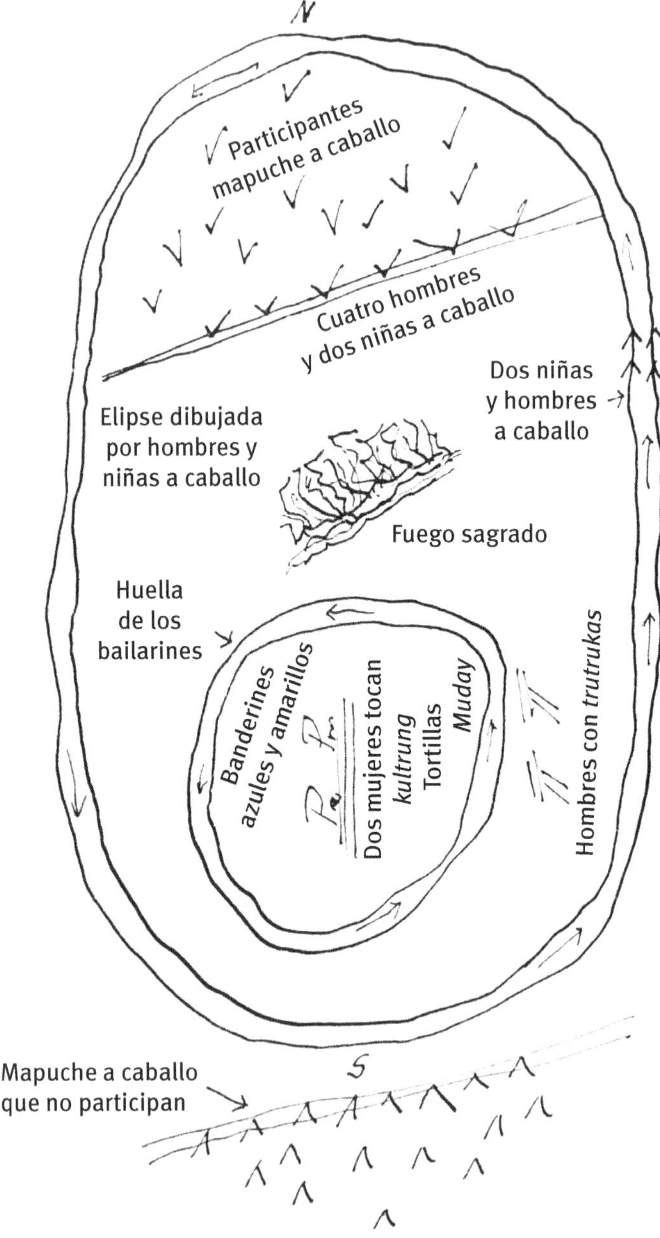

Diagrama dibujado por Huenun Ñamku que muestra las posiciones de los participantes y las actividades del *nguillatun*.

"Hoy, añadió Huenun, muchas familias sacrifican solo gallinas porque son más pobres que antes. Sin embargo, tan pobre como soy, hace seis años atrás yo sacrifiqué un ternero después de que mi hija mayor había muerto —ella fue la séptima de mis hijos en morir. Una *machi* me dijo que alguien me estaba haciendo daño y que los hijos que me quedaban y mi esposa también morirían, porque ya había sido preparada la calamidad. Ella dijo que, si yo ofrecía un ternero en el *nguillatun*, sus muertes podrían ser prevenidas. Ofrecí el ternero y mi esposa e hijos están todos vivos".

Mientras el animal está siendo consumido por el fuego sagrado, cada padre camina alrededor de él y arroja una porción de harina al fuego. Ellos pueden hacer esto tan frecuentemente como lo quieran hacer, y cada vez que lo hacen le rezan a Chau para que la cosecha de todo lo plantado sea favorable. Después de que los hombres han hecho sus ofrendas, se invita a las madres de familia a hacer lo mismo, pero solo aquellas que han traído harina y desean ofrecer algo pasan adelante —por lo general, estas son solo mujeres mayores. A los niños no se les permite participar de este ceremonial. Mientras la harina está siendo ofrecida, el capitán fuma su pipa y tira el humo hacia el cielo rogando a Ngünechen para que les conceda clima favorable y un incremento en el número de animales. También reza para que las familias, especialmente las que participan en el *nguillatun*, se mantengan con buena salud y que la enfermedad las esquive y se vaya a otro lugar. Después de esto, todos bailan nuevamente como antes, pero esta vez alrededor de los tallos con los banderines.

Ahora, los *lonko* —o si solo hay uno presente, él y algunos de los hombres más viejos— se reúnen al norte del fuego y se incentivan los unos a los otros para mantener intactas las costumbres de sus antepasados; dejando en claro que están haciendo lo correcto al celebrar el *nguillatun*. Entonces, ellos le piden a Dios que bendiga los cultivos y a las familias. "Realmente, hay mucha conversación entre ellos", dijo Huenun. "No es nada inusual que ellos hablen por una hora; nosotros, a veces, nos preguntamos qué es lo que están hablando". A continuación de esto, nuevamente el capitán reza mientras el *lonko* y la gente se mantienen en pausa.

Después, dos hombres a caballo, cada uno con una *trutruka*, toman posición al norte del fuego sagrado. El capitán y una de las dos niñas, montados a caballo, se ponen a la derecha de ellos; el otro hombre y la otra niña, también a caballo, se ponen a la izquierda. Estos seis se colocan en fila ante el fuego sagrado y detrás de ellos, también de frente al fuego, están todos los otros participantes que vinieron a caballo. Ahora, el sargento cabalga cuatro veces hacia adelante y hacia atrás en frente de la línea de los seis, ordenándoles a todos que griten '¡Ya-ah!' Todos los que no participan —por lo general, estos han venido como observadores o con personas mayores que sí participan— se ordenan en una formación similar hacia el sur del fuego, pero afuera de la elipse —los que no participan nunca entran a la elipse. "Estos son mapuche invitados", explicó Huenun. "No se les permite a los gringos o chilenos blancos estar presente —solo los mapuche invitados pueden estar allá". Después de que se ha gritado el '¡Ya-ah!', la línea de seis intercambia posición con aquellos que están a caballo detrás de ellos. Este intercambio de posiciones se lleva a cabo cuatro veces, y cada vez, el sargento cabalga hacia atrás y hacia adelante y los exhorta a todos a gritar '¡Ya-ah!'. Con esto termina el ceremonial.

Ahora las mujeres se van a sus quitasoles —cada familia o varias juntas los han levantado afuera de la elipse hacia el lado este. Los hombres participantes y niños se sientan en un semicírculo donde están los banderines, esto es, dentro de la elipse al lado sur y oeste. Las mujeres les sirven *muday* y trigo tostado, y también algunas veces, tortillas y carne asada. Los hombres y niños que no participan van a los quitasoles a comer, también todas las mujeres y niñas comen allá.

Después de que todos han comido, se realiza el *konchatun*; este es una parte integral del *nguillatun* y no debe ser realizado si no es en un *nguillatun* y solo después de la comida. Huenun fue enfático en esto. El *konchatun* se lleva a cabo en la parte noreste de la elipse donde todos se reúnen.

En el *konchatun*, Huenun continuó, un hombre devuelve un acto de amistad que otro hombre le demostró en algún momento. Estos dos hombres se paran uno frente al otro; si así lo desean, y otro hombre puede pararse al lado de cada uno de ellos. El hombre que va a hacer un acto de reciprocidad, parte completamente una oveja por la parte inferior desde el cuello hacia abajo, extrae su corazón y mientras este aún late, se lo entrega a su amigo expresándole palabras de gratitud a Dios por haberle concedido la buena fortuna de haber tenido a ese hombre como amigo. Luego, los dos lanzan un poco de sangre de la oveja hacia el cielo y hacia el fuego sagrado. A continuación de esto, el hombre da la oveja sacrificada a su amigo, quien le parte su cabeza y la pata delantera derecha y le pide a alguien allí presente —probablemente al hombre que ha estado parado a su lado, si ha habido uno— que se lleve el resto de la oveja y lo ponga en su quitasol. Más tarde, el que lo recibe se lo lleva a casa. Desde aquel momento, estos dos amigos se quedan uno junto al otro hasta que todos se van a sus hogares. A Huenun parecía gustarle el *konchatun*, y sentía pena que, en estos últimos años, a veces fuera omitido del *nguillatun*. "Nuestros jóvenes no quieren aprender a realizarlo", dijo en un tono ligeramente enojado. "Finalmente, esto morirá. Estoy contento de que ustedes estén registrando lo que yo les cuento porque sé que lo que les digo es la verdad. Es muy importante que las generaciones de mapuche, que están por nacer, puedan aprender la verdad".

"Ya se ha hecho tarde", continuó diciendo Huenun, "y todos se preparan para volver a casa, pero antes de hacerlo, hay un gran acto final. Todos los hombres que vinieron a caballo cabalgan cuatro veces alrededor de la elipse, mientras aquellos que trajeron *pifulka* las tocan y los con *trutruka* las soplan, y las dos mujeres mayores golpean sus *kultruns*. Además, todos los hombres, mujeres y niños llenan el ambiente con gritos de '¡Ya-ah!'".

Al final, el *muday* es colocado en una vasija de alfarería y es enterrado en el lugar donde están los banderines. "Ahora", dijo Huenun con entusiasmo, "en el próximo *nguillatun* —quizás en un año o dos, o tres o cuatro, a pesar de que debería haber uno por año— este recipiente será sacado de la tierra y si el *muday* se ha transformado en semillas de trigo o maíz, o si aún está líquido, esta es una buena señal e indica que tendremos un año fructífero. Si se ha transformado en tierra o ha desaparecido, es señal de que tendremos un año malo".

Margaret le quería preguntar si había visto que, alguna de estas dos cosas sucedieran. Esa era su pregunta principal. La segunda de ellas era si realmente él creía lo que acababa de decir. Estas y muchas otras preguntas se quedaron sin respuesta por el momento. Sabíamos que Huenun no iba a ser nuestro último informante. Estábamos sinceramente agradecidas por su narrativa detallada y bien preparada del ceremonial religioso de su pueblo, y no seríamos capaces de interrumpirlo para no herirlo.

Huenun añadió, "Si sucedía que traían muchos animales para ser sacrificados, para garantizarles un segundo día de ceremonial, el sargento esperaba toda la noche junto al fuego sagrado de modo de mantenerlo ardiente. Las familias que viven cerca se van a casa, pero aquellas que han venido de lejos se quedan en *ruka* cercanas. A la mañana siguiente, todos aparecen nuevamente para una repetición de los ceremoniales. Cada día los ceremoniales son iguales a los del primer día. He asistido a *nguillatun* que han durado cinco días.

"El último día del ceremonial debe terminar cuando aún haya sol [en un ángulo de cuarenta y cinco grados] porque las personas tienen que estar en sus casas antes de que esté oscuro; siempre hay peligro de pumas después de que oscurece. Yo también debo irme a casa ahora. Estoy feliz porque tuve esta oportunidad de contarles sobre nuestra religión. Nuestro pueblo debe continuar realizando el *nguillatun*, aunque ahora seamos cristianos. Todo se está haciendo peor y peor para los mapuche. Yo mismo estoy deseando incitar a un *nguillatun* una vez más. Le quiero pedir a Chau que me dé nuevamente un buen abastecimiento de grano, solo por una vez. Me gustaría estar libre de preocupaciones una vez más. Tengo la intención de pedirle al *lonko* que realice uno".

Le expresé a Huenun mi gran respeto por su excelente relación del *nguillatun*. Margaret le dijo que francamente merecía esta expresión de aprecio. Nos agradeció el saco de grano que le dimos. Margaret y yo lo acompañamos a la puerta, lo vimos montar su caballo y nos despedimos y se fue.

Me sentí nostálgica, como a menudo me he sentido, después de que una persona mayor que está terminando su vida, especialmente una de otra cultura, me haya contado sobre una vieja costumbre muy apreciada por él. "Los indios americanos no son paganos", le dije a Margaret. "Estas personas tienen una firme creencia en Dios, en Dios Creador y sostenedor. El ceremonial religioso de las tribus es para ellos una expresión de la convicción interna de que hay un ser más grande que ellos mismos. Uno al cual ellos pueden llamar cuando los problemas de la vida necesitan soluciones distintas a las que ellos como hombres pueden encontrar". Huenun estaba triste. Él necesitaba una cosecha más fructífera para alimentar a su familia. Él pensó que las oraciones del *nguillatun* podrían traerles bendiciones a sus campos. Su caballo parecía percibir el problema no resuelto porque caminaba lentamente con la cabeza hacia abajo —otras veces lo habíamos visto galopar en forma osada. Observamos a Huenun hasta que desapareció detrás de los pies del Villarrica. Margaret cerró la puerta. Otro día había terminado.

CAPÍTULO VIII

La esposa e hija de Huenun

Hoy, tuvimos una sorpresa muy agradable. Huenun trajo a su esposa y a una de sus hijas. "Ella es Mariañuke, mi esposa", dijo mientras la presentó, y esta es mi hija". Ya que el placer por conocernos fue mutuo, nuestro apretón de manos y el *koyagtun* fueron realmente sinceros y de corazón. Huenun parecía feliz de tener a su esposa e hija con él. Ellos nos regalaron mazorcas de maíz y unos ramilletes de flores del jardín. "Este es maíz mapuche", dijo Huenun apuntando a algunas mazorcas; "tienen granos tanto azules como blancos. A esta variedad, que madura tempranamente, la llamamos *tralawopi*. Este tipo (señalando otras mazorcas) tiene solo granos blancos; nosotros lo llamamos maíz al igual que los chilenos. No tenemos una palabra mapuche para ello". De esto, inferimos que el maíz no fue una comida en el territorio mapuche antes de que llegaran los europeos. Luego, Huenun llamó nuestra atención a los adornos tradicionales de plata usados por su esposa e hija y la manera en que ellas habían peinado su cabello. "Viejas costumbres nuestras", él añadió.

Antes de que Francisca pudiera traer más sillas, Huenun pasó sobre los bancos del colegio, que Francisca había empujado hacia un lado, y desde atrás levantó uno pequeño. Lo colocó a lo largo y, después de sacudir el polvo con su sombrero, se sentó y le hizo una señal a su esposa e hija para que se sentaran a su lado. Mientras Huenun estaba arreglando las cosas, le sonreí a Margaret y le dije: "Ahora estoy segura de que tendremos una oportunidad para aprender algunas costumbres de los niños".

Se suponía que nuestro estudio etnológico era principalmente sobre la vida infantil. No había tenido éxito en obtener tal información en entrevistas previas con Huenun. Un día le había preguntado cómo un niño mapuche aprende a caminar. Le pregunté, "¿Aprende a caminar por sí solo o se le debe enseñar a hacerlo?" Él se molestó. Pensé que había hecho una pregunta sobre la que cualquier padre estaría interesado. Podría haberle preguntado acerca del cuidado del cordón umbilical o qué se usaba como talco para el bebé, o qué se usaba para pañales. Pero sabía que estaba ejercitando mi buen criterio al no hacerle estas preguntas. También, podría herirlo, algo que ciertamente no quería hacer. Sin embargo, necesitaba saber las respuestas para un estudio acabado de la vida infantil. En la zona costera, las madres habían estado interesadas en cualquier cosa referida a los bebés.

A pesar de que se había molestado, él si contestó mi pregunta. La madre del niño hace un pasamano poniendo dos hileras de postes de quila [*Muehlenbeckia sagittifolia*] a una extensión de medio brazo entre uno y otro —las hileras tienen un largo de dos brazos de extensión. A cada hilera, ella amarra un poste en forma horizontal. Luego, ella le enseña al bebé a pararse y lo engatusa para venir hacia ella, sosteniéndose de los postes horizontales que están a lo largo del pasamano. Huenun observó a Margaret anotar estos detalles mientras yo se los dictaba. Cuando vio que había terminado, sin consideración dijo, ¡No estoy agradado con estas preguntas nada importantes acerca de bebés! Pienso que todo esto no tiene ningún valor. Hablemos acerca de algo que requiera inteligencia. ¿Qué más desean saber?".

Este incidente había ocurrido unos pocos días atrás. Ahora, teníamos a Mariañuke para preguntarle. Nuestro problema era cómo hacerlo para que ella respondiera nuestras preguntas en presencia de Huenun. En la zona costera, las mujeres nos habían dicho, "¿Por qué una mujer debe hablar si hay un hombre para que lo haga? Pero habíamos aprendido que cuando no había un hombre presente, estas mismas mujeres eran conversadoras joviales y excelentes informantes.

También habíamos aprendido que una mujer rara vez habla con un extraño en presencia de un hombre. Sin embargo, yo esperaba que la esposa de Huenun nos hablara a su debido tiempo. Continué con Huenun, "Aquí hay una pregunta que estoy segura usted y su esposa pueden responder. Creo que para responderla se requiere inteligencia. Lo que yo quería saber era cómo un niño aprende el mapudungun. Pensé que guiarlo indirectamente a eso sería un modo inteligente de abordarlo. Le dije, "¿Cómo podemos Margaret y yo aprender el idioma mapuche?".

"Igual como ustedes aprenden cualquier otro idioma", contestó Huenun. "Encuentren a alguien que sepa mapuche y háganlo escribir palabras y que les diga su significado; aprendan a pronunciarlas y sigan pronunciándolas correctamente —memorícenlas. La señorita Margarita no tendrá mucho problema para pronunciarlas, pero usted sí; me he dado cuenta de que usted parece tener dificultad cada vez que pronuncia una palabra. Después de saber muchas palabras júntense con mapuche que hablen solo mapuche. Ya que, en mi hogar, hay dos mujeres mayores que hablan solo mapuche, ustedes se pueden quedar con nosotros y aprender de ellas. Entonces, ustedes estarán obligadas a formar frases con sus palabras. Yo las invito a venir y vivir con nosotros por un tiempo, y después de que sean capaces de hablar mapuche, ustedes podrán sacar uno de esos libros que los padres capuchinos han escrito —aquellos que tienen frases en mapuche y castellano. Ahora les daré una lección. Lean estas palabras y escríbanlas: *ügnüm* significa 'pájaro'; *küllwi* significa 'porotos'; *allfida*, 'arvejas'; *ponon*, 'pulmones'; *makuñ*, 'poncho'; *piuke*, 'corazón'. Esa es la lección número uno".

Esto le recordaba la manera en que él y el sacerdote capuchino alemán, padre Félix José de Augusta, habían compilado un diccionario de dos volúmenes; *Diccionario Araucano- Español* y un segundo volumen con el *Diccionario Español-Araucano.*[24] Félix José tenía unas tarjetas pequeñas en las cuales había escrita una palabra en español. Para cada palabra en español, él le añadió su equivalente en mapudungun y su significado como Huenun se lo decía. Él escribió las palabras en mapudungun de acuerdo con el sonido fonético del idioma alemán, pero como algunos sonidos fonéticos del mapudungun no tenían un equivalente en alemán, él ideó símbolos para estos con la ayuda de la pronunciación de Huenun. Por ejemplo, simbolizó el sonido fonético *gn* en alemán con una *n* con un gancho; una *e* invertida es pronunciada como una *u* en alemán, con algo de fuerza y desde la garganta, como haciendo gárgaras sin agua —y es escrita *ü*; *l´*, *n´*, y *t´* son pronunciadas con la punta de la lengua entre los dientes casi cerrados. En el estudio actual, nosotros estamos usando estos equivalentes: *gn* como en *gnillatun*[25] [ceremonial religioso]; *ü* como en *pifülka* [pífano]; *l´*, como en *l´uan* [constelación].

---

[24] Publicado en Santiago de Chile en 1916.

[25] N. del T.: Al traducir desde el inglés al español, se alteró el uso de estas grafías para coincidir con la manera en que estos términos se han estado escribiendo en castellano.

En otra serie de tarjetas, Huenun había escrito palabras en mapudungun; y para cada una de ellas, Félix José agregó su significado, la palabra equivalente en español y la pronunciación como Huenun la hablaba. Un tiempo después, Félix José también recolectó palabras en otras áreas donde viven mapuche, y aparecieron diferencias de dialecto. Después de que Huenun ayudó a resolverlos, Félix José los señaló en los Diccionarios: por ejemplo, palabras usadas solo en Panguipulli estaban precedidas por un asterisco; aquellas usadas solo en Huapi por una cruz. Ahora, Huenun caminó a un rincón de la sala, donde teníamos guardados nuestros libros, cámaras y otros equipos. Luego, volvió con el primer volumen de los Diccionarios y abriendo la página XIV señaló su nombre. Ahí aparecía como una autoridad en pronunciación del mapudungun. Miró su nombre y comentó, "Aquí está impreso como 'Hüenuñamco', pero debe ser 'Huenun Ñamku'. En su libro llámenme 'Huenun Ñamku'".

Él continuó: "Nosotros también compilamos una gramática, y esto nos tomó todo un año. Nosotros dos, el Padre Félix José y yo, siempre trabajamos juntos". Anteriormente, el padre Sigisfredo nos había dicho que los padres jesuitas habían compilado un diccionario y habían escrito una gramática, tanto en mapudungun como en español, que fueron muy conocidas, hacia 1605, pero que todo intento por encontrarlos habían sido inútiles. Los padres jesuitas vinieron a Chile en 1593, pero eso es un asunto de historia.

Huenun siguió, "Después de haber terminado los diccionarios y la gramática, yo le enseñé el idioma mapuche al padre Sigisfredo —le enseñé como les dije a ustedes que deben aprenderlo. Él encontró un poco difícil la pronunciación, tanto así como ustedes. También ayudé al padre Atanasio, otro capuchino alemán, a recolectar insectos y plantas, y le dije el nombre mapuche para cada uno de ellos. Aquí en Panguipulli hicimos el trabajo hace unos dieciocho o veinte años atrás, el padre Atanasio murió por esos años. Hace dos años, dos hombres de Santiago le pidieron al padre Sigisfredo que los ayudara a encontrar una raíz parecida a la papa que nosotros llamamos *mawida poñü*, o *ñangki* [*Dioscorea nervosa*] y que usamos para blanquear ropa blanca. El padre Sigisfredo me pidió a mí que se las buscara, y lo hice. Los hombres prometieron enviarme una compensación, pero hasta ahora no la he recibido.

"Cuando están aprendiendo el idioma mapuche, también tendrán que aprender palabras para describir cosas para las cuales no teníamos nombres en mapuche, y que nosotros hemos adoptado de los chilenos. Por ejemplo, ya que nosotros no teníamos avena o nombre para ella, nosotros adoptamos la palabra chilena, avena. Puesto que siempre hemos tenido grano como trigo, usamos nuestra propia palabra, *kachilla*, para trigo y no la palabra chilena. Para caballo, decimos *kawell*, que es muy parecida a la palabra chilena, caballo. Para puerco decimos *sanchu*; deberíamos decir *chancho* como los chilenos, pero a veces se nos hace difícil pronunciar palabras chilenas al modo chileno, así que las pronunciamos a nuestra propia manera. (Margaret pensó que podría ser oportuno decirle ahora que por esa misma razón yo encontraba difícil pronunciar las palabras mapuche como ellos lo hacen). Algunas palabras mapuche han cambiado desde tiempos pasados; por ejemplo, una olla, hace mucho tiempo atrás, era llamada *dügnoll*; hoy, le decimos *challa*".

Una persona no-mapuche nos había dicho que las mujeres mapuche tienen un lenguaje que hablan exclusivamente entre ellas. "¿Es esto correcto?", le pregunté dirigiendo mi pregunta a Mariañuke.

Huenun contestó, "¿Cómo podríamos entenderles si así lo hicieran? Las mujeres, ciertamente pueden tener secretos, que se dicen en voz baja entre ellas, o se alejan de la multitud para contarlos, pero se dirán lo que quieran en el idioma mapuche común. O puede suceder que una mujer canta una canción de tal manera que los mirones no pueden entender, pero no lo está cantando en ningún otro idioma, excepto el mapuche. Por ejemplo, hay una canción que una mujer canta, para sí misma, cuando muele grano en su piedra —mi esposa también la canta. Yo no comprendo sus palabras, de hecho, rara vez la escucho cantar. Una canción, que ella canta, es acerca de un águila; el águila está disgustado y se vuela a otra tierra sin decir adiós. Sin embargo, ella la canta en palabras mapuche".

Luego, él se lamentó por no haber tenido la oportunidad de educación formal como la que tienen hoy los jóvenes mapuche. "Yo nunca tuve una oportunidad para ir a la escuela, pero uno de mis parientes sí la tuvo. Él había estudiado en Valdivia, y tuvo su primer libro de lectura en castellano. Él me mostraría palabras en el libro, me diría su significado y pronunciación. Entonces, yo las pronunciaría como él lo hacía y repetiría lo que él había dicho que significaban. Después, yo las repetiría para mí mismo donde sea que estuviera. Él me permitía tener el libro durante el invierno. El libro tenía lecciones sobre el ojo, la mano, el loro y otros temas con dibujos de cada uno; debajo de cada dibujo había escritura. En la tarde, yo me recostaría de espalda cerca del fuego con el libro en mis manos y leería las oraciones. Este pariente también me enseñó cómo usar mis manos para escribir. Observé sus manos mientras escribía las letras y palabras en las cenizas del fuego —él usaba un palo pequeño para hacerlo. Lo imité y las escribí como él lo hacía; escribí estas palabras con cenizas donde quiera que encontrara un vertedero. También escribí palabras en hongo, ese hongo blanco y suave que crece en los árboles cerca de aquí; nosotros lo llamamos *lupekonükon*. A veces, escribía en la parte interior de la corteza de árboles muertos —si un árbol está muerto por un tiempo, no es difícil escribir al interior de la corteza. En esos tiempos, no teníamos ni papel ni lápices".

Francisca añadió que todavía hoy los niños usan el hongo y la parte interior de la corteza de árboles para escribir —a veces entregan las tareas en ellas— ella advirtió que el papel es escaso en los pueblos de la montaña y se necesita efectivo para comprarlo. "Muchos mapuche no tienen efectivo a mano", añadió.

Huenun continuó: "Yo ya había aprendido a escribir mi nombre cuando las personas estaban diciendo que había llegado el tiempo para un cambio en la presidencia de Chile. Todos debíamos votar. La esposa de un chileno me enseñó a escribir mi nombre; ella lo escribió por mí, y yo practiqué escribirlo lo cual me ayudó. Después de un tiempo, tuve que ir a Cuí Cui para inscribirme en el Registro de Votantes. Voté por Pedro Montt y se me pagó diez pesos por ello. Esa vez, Pedro Montt fue electo presidente".

Mariañuke y su hija estaban escuchando nuestra conversación. De vez en cuando intercambiamos sonrisas; entendimos que teníamos una buena disposición la una hacia la otra. Deseaba mucho poder hacerle algunas preguntas a Mariañuke, pero como ya he afirmado, yo había aprendido que las mujeres rara vez hablan a extraños en presencia de los hombres. Margaret estaba ansiosa por que yo comenzara, pero yo no estaba segura de cómo hacerlo. Felicité a Huenun por traer a su esposa y le dije que creía que ella debe ser una persona inteligente (me había dado cuenta de sus miradas rápidas e inteligentes, sus modales suaves y rasgos finos). Continué diciendo que ahora podía entender mejor lo que, tanto Francisca como el padre Sigisfredo habían querido decir cuando nos contaron que los hijos de Huenun eran todos bien criados, tenían buenos modales y eran personas respetuosas. Seguí diciendo que, indudablemente, su esposa había sido de gran ayuda para él en la crianza de los niños, que me parecía que ella sería capaz de contarnos su rol en ello y que me gustaría hacerle algunas preguntas. ¿Nos permitiría hacerlo?

Él respondió, mirándola con amor comprensivo, "Mi esposa no sale mucho, y rara vez está con gente. Por consiguiente, ella es reservada y habla muy poco. De hecho, no sabe mucho".

Habíamos leído en reportes iniciales de viajeros, que las mujeres mapuche tenían una posición inferior a los ojos de los hombres mapuche y que, en ocasiones, ellas eran esclavas de sus hombres. En la zona costera, no habíamos encontrado que esto fuera cierto. La apreciación de Huenun por su esposa trajo esto a mi mente. Le pregunté, "¿Quiere y estima usted a su esposa?".

Él respondió prontamente, "Indudablemente que sí ¡y mucho! Sin duda la quiero. De todas maneras, así debe ser. Nosotros estamos casados; es nuestro deber amarnos el uno al otro".

Su esposa, un poco sorprendida, inmediatamente continuó con esa aseveración, "Sin duda nosotros nos queremos mucho. Yo también lo quiero a él. Estamos casados; se entiende que nos queremos. A veces, sucede que una pareja no se lleva bien y entonces ambos son infelices. Pero, nosotros siempre hemos sido felices juntos". Estas fueron las primeras palabras que Mariañuke nos dirigió.

A pesar de que ahora ella nos había hablado, yo estaba segura de que Huenun, y no ella, respondería mis preguntas; y era él el que no quería preguntas relacionadas con bebés. Por consiguiente, hice algunas preguntas referidas a niños más grandes. Pregunté, "¿Cómo enseñan los padres a sus hijos lo que es bueno y lo que es malo?".

"Los padres salen con sus hijos para enseñarles y aconsejarlos", él contestó. "Cuando mi abuelo le contaba a mi tío, el que me crió, que yo había hecho algo malo, mi tío me hablaría y me diría que no lo vuelva a hacer, y yo le obedecía. Yo he hecho lo mismo con mis hijos; les hablo si han hecho algo malo, pero les hablo solo una vez. Si es algo grave y ellos no cumplen, les haré por una única vez una advertencia. Luego, si ese niño no cumple por segunda vez, le doy nalgadas. A nuestras hijas, las he tratado de la misma manera, es decir, cuando son pequeñas y aún no van al colegio ellas son tratadas así. Una vez que los niños van al colegio, ya no necesitan ser castigados de esta manera —al menos mis hijos no. Cuando yo era niño, y alguien del valle hacía algo malo, mi abuela o mi tío me hablarían y me dirían que no hiciera algo como eso. Yo he hecho lo mismo con mis hijos. Mi abuela también me hablaba durante el tiempo libre. Ella me decía, 'Pórtate bien siempre. Crece para llegar a ser un buen hombre. Ten buena disposición hacia todas las personas'".

Huenun pensaba que se podían hacer concesiones razonables frente a una mala conducta. "Sin embargo, si se ha dado una orden, debe ser obedecida de inmediato". Su esposa asintió. Él continuó: "Por ejemplo, si mi esposa envía a un niño a hacer algo a un lugar y él no va porque le da miedo, mi esposa es comprensiva y ella misma va y lo hace. Esa es su forma de proceder. Pero, si yo le doy una orden y él dice que le da miedo, yo lo amenazo con castigarlo si no va. Esa es mi forma de proceder".

Entonces, pregunté, "¿Es el dejar sin comida una manera de castigar a un niño?".

Sorprendida por esta pregunta, su esposa respondió inmediatamente con espanto —yo le había dirigido la pregunta a Huenun— "¿Castigar a un niño privándolo de comida? ¡No! ¡No! De esa manera, indudablemente que no. ¿Quién podría hacer tal cosa? ¿Hay personas que puedan, por la razón que fuere, dejar a un niño sin comer? Un niño tiene hambre como cualquier otra persona, y tiene el derecho a comer. Si un niño necesita ser castigado, él debe ser abofeteado o golpeado con un cinturón de cuero, si es necesario".

Huenun no hizo ningún comentario, pero continuó: "Un niño pequeño puede resistirse a usar ropa —a menudo, los niños pequeños no usan— tratarán de rasgarlas; se tirarán al suelo, gritarán y patearán. A ese niño, yo le enseñaría a comportarse, pegándole en ese mismo instante, pero su madre lo tomaría en brazos, le hablaría y trataría de calmarlo. Ella tiene bastante paciencia con los niños pequeños, sin embargo, tan pronto como ellos caminan, ella también los castigará. Ella, incluso, le puede pegar con un cinturón de cuero". Luego agregó, como si fuera un poco divertido, "pero ella doblará el cinturón para que sea más corto ¡y así no atormentarlo mucho! He visto a mi esposa golpear a un niño porque se ensució con excrementos y a otro porque jugó en el barro. Yo nunca he azotado a un niño pequeño; es deber de la madre criar a un niño pequeño. Cuando el niño está más grande, la madre no tiene el corazón para azotarlo y, entonces, el padre lo debe hacer".

Después hice las primeras preguntas acerca de robar, a las cuales Huenun respondió: "Si un niño roba, él es azotado tan pronto como sus padres se enteran y después se le da una seria advertencia para que no vuelva a hacerlo; se le dice enfáticamente que robar le provoca problemas a él y también a otros. En varias ocasiones, mi abuelo me contó que antiguamente a un niño que robaba se le enseñaba una lección inolvidable —el niño aprendía a nunca más robar. Una persona mayor colocaba un nido de ratas en el fuego —ustedes saben que las ratas también roban— y apoyaban las manos del niño en el fuego".

Muy sorprendida con esto, su esposa dijo en un tono de desaprobación, "¿Cómo podría alguien haber hecho eso? Sin duda que ellos solo pondrían las manos del niño en el humo del fuego; ¡ellos ciertamente no quemarían las manos del niño en forma intencional!".

Huenun la escuchó, pero continuó, "Cuando yo pillaba a uno de mis niños mintiendo, lo reprendía. Le advertía que no mintiera nuevamente y que lo azotaría si lo volvía a hacer. Lo mismo les decía a nuestras niñas. Por lo general, un niño que es regañado o azotado va a la *ruka* de su abuela para ser consolado, pero eso está bien porque la abuela también le dirá que se comporte, pero en una manera más comprensiva. Si el niño no tiene una abuela que viva cerca, se quedará alrededor de la casa y se avergonzará de sí mismo —esto también es bueno para él. A veces, los niños deben pensar acerca de ellos mismos y acerca de lo que han hecho; este es un buen momento para hacerlo".

A estas alturas, le pedí a Huenun que contara de alguna ocasión en que él había mentido y qué había sucedido. Se rio a más no poder y dijo, "¡No contaré historias mías, historias acerca de mentir!" Sin embargo, sí contó lo siguiente: "Cuando tenía unos quince años, las hermanas de mi padre nos obligaron a robar una oveja a mi primo y a mí —mi primo probablemente tenía veinte años. Lo hicimos, y yo llevé la oveja a casa en mi espalda. La robamos porque no habíamos tenido nada para comer por casi una semana. A pesar de que no era nuestra costumbre robar, estábamos hambrientos y teníamos que encontrar comida en alguna parte. No me castigaron por esto, pero lo habrían hecho si hubiese robado sin permiso. Mi abuela también supo que habíamos robado la oveja, y creemos que las personas a las cuales se las habíamos robado sospecharon de nosotros, pero nunca nos obligaron a pagarla. Quizás ellos sabían que habíamos estado hambrientos por un tiempo largo.

"Un niño que roba debe ser castigado", continuó diciendo, "a no ser que, como ya dije, él lo haga porque tiene hambre y no tiene comida. No muy lejos de nosotros, hay un mestizo: su padre es un mapuche y su madre chilena. Él robó cuando era pequeño, pero nunca lo castigaron. A medida que creció, él siguió robando cada vez que tenía una oportunidad; incluso, una vez robó el sombrero de un hombre que estaba durmiendo al borde del camino. Recientemente, robó seiscientos pesos a un hombre que estaba durmiendo, pero fue aprehendido mientras trataba de pagar por un sombrero, pantalones y un par de zapatos con parte de ese dinero. Ahora está preso por la policía chilena que viene acá".

"¿Cómo educan a un niño para que no sea celoso?", pregunté. Le sugerí que quizás podría dejar a su esposa que nos contara sobre eso.

Se molestó con esto y dijo, "¡Ella! ¿Cómo puede ella responder eso? Les dije que ella no sabe mucho; rara vez ella sale de casa". Yo no estaba segura de que él comprendiera el significado de la palabra celos y le di un ejemplo. Él respondió, "Si una niña está celosa porque a su hermana se le ha dado algo y a ella no, la madre simplemente le dirá que se tranquilice y, tarde o temprano, a ella se le dará lo mismo".

Luego pregunté, "Si uno de dos hermanos tuviese una vaca y el otro no, ¿estaría el hermano celoso del otro?".

Él contestó, "No, en todo caso, mis hijos nunca tuvieron una vaca cada uno".

En la zona costera, habíamos escuchado que se les hacía una prueba para predecir la personalidad de los niños. Para corroborar la información, le pregunté a Huenun si alguna vez había escuchado decir que a un niño que le está cambiando la voz se le da chicha hasta que esté totalmente intoxicado, y que sus padres observan su conducta cuando está en esta condición y de ello predicen en qué tipo de hombre se convertirá. "Nosotros no esperamos hasta que cambie su voz", él respondió, "A veces, la voz de un niño no cambia hasta que tiene quince o quizás veinte años. Nosotros ponemos un niño a prueba cuando es mucho, mucho menor que eso. La hermana mayor de mi esposa puso a prueba a su hijo mayor de esta manera, pero su conducta no llegó a ser de acuerdo con lo predicho y esto fue una desilusión; por consiguiente, ella no puso a prueba a sus otros hijos. Sin embargo, nosotros no usamos chicha sino semillas de *miyaiya* [probablemente hierba de Jimson; *Datura stramonium*]. Ya que yo quería poner a prueba a mis hijos, yo planté semillas de *miyaiya* en mi jardín, pero las plantas fueron ahogadas por otras plantas. Las semillas de *miyaiya* son muy pequeñas, son como las semillas de arvejas cuando están recién comenzando a formarse".

Ahora, le pregunté cómo un niño recibe su nombre. Huenun contestó, "A un niño se le da su nombre cuando aún es pequeño, y este es su nombre para toda la vida. Hay nombres mapuche que son dados solo a las mujeres, y hay nombres mapuche que son dados solo a los hombres. Es así: cuando bautizamos a una niña, la llamamos María; si es un niño, lo llamamos Mario. Ahora, nadie pensaría que una persona llamada Mario pueda ser una niña. De la misma manera, si escuchamos una persona llamada Licanrayen, sabemos que es una mujer; si alguien habla de Licankura, sabemos que está hablando de un hombre. No sé cómo se originaron los nombres mapuche, pero los que los padres actualmente les otorgan a sus hijos han sido usados en la familia por mucho tiempo. Muchos nombres mapuche tienen significados; otros no. Después, él escribió los siguientes nombres femeninos y nos dio su significado: Nümeipan —*pan* es una forma abreviada de *pangui*, que significa león; el nombre significa "alguien-que-tomó-el-león". Hualtuipan significa "león-que-está-encerrado." Licanrai significa "flor de piedra" porque *licán* significa piedra, y *rai* es la forma abreviada de *rayen*, que significa flor. Llanquirai significa "brujería-piedra-con-flor". Luego, escribió nombres femeninos que no tienen traducción: Pushmei, Lleflai, Pinshalrai y Penshoria. "Todos los mapuche saben que estos nombres son dados a mujeres; y ahora escribiré algunos nombres masculinos: Wentamui, Lifkelai, Küpainau y Wiliñanco. Y esos nombres son suficientes. ¿Cuál es su siguiente pregunta?".

Le pedí que escuchara mientras leía el siguiente enunciado de un libro[26] escrito por Félix José de Augusta:

> En realidad, a pesar de que es raro, hay mujeres que no tienen nombres; o quizás tienen uno, pero lo han olvidado porque rara vez lo usaron. En el idioma mapuche, las palabras que indican relaciones son tan definidas y tan claramente y diferentes, que para la mujer que no participa de la vida pública o civil, no es necesario usar otro nombre.

Transmitiendo un sentimiento de vejación en su tono Huenun declamó, "¡Indudablemente, lo más seguro es que las mujeres sí tenían nombres! Como les acabo de decir, había nombres para hombres y para mujeres". Continué leyendo:

> Ya que las mujeres no participan de la vida pública o civil, el nombre personal de una mujer se usa muy poco, solo si el misionero necesita saberlo para registrarlo en un libro. Prácticamente, nadie más le pregunta su nombre. O, a lo mejor, es porque la mujer es mirada como

[26] *Cómo se llaman los araucanos* (Padre las Casas, Chiloé, 1907), 38-39.

un objeto que es comprado por el hombre y vendido por el padre de familia. Generalmente, uno necesita rogarle a una mujer para que diga su nombre. Las mujeres se preocupan de que se rían de ellas otros que las ridiculizan por motivos a veces desconocidos.[27]

Ante esto, Huenun estaba indignado. "Primero que todo", él comenzó, "las mujeres no tenían que avergonzarse de sus nombres. Si un hombre es exhortado a hablar y dar un discurso frente a un grupo de personas que están reunidas, la persona que lo llama dirá, 'Ese, hijo de tal hombre', dando su nombre personal y el de su padre. Ahora, la idea de que la mujer no tenía nombre en los primeros tiempos puede haber venido del hecho de que una mujer nunca es llamada a hablar en público. Por lo tanto, el nombre de una mujer nunca era pronunciado para que todos lo escucharan —ella no tenía que ser llamada como la hija de tal o cual hombre. Las mujeres no tenían nada que hacer en la vida pública, pero cada una tenía un nombre. Tampoco he escuchado que a una mujer no le gustara que otros pronuncien su nombre. ¿Cómo podría saber los nombres de mi abuela y otras mujeres si no los había escuchado decir? Ellas no se avergonzaban de sus nombres. Todos sabían el nombre de mi abuela, Mañkekura, que significaba 'piedra-de-un-cóndor'; una de las hermanas de mi madre se llamaba Kallfü, azul y otra Llanka, que es traducido mejor como 'piedra mágica'. Los nombres de otras mujeres de la edad de mi madre, que recuerdo en este momento, eran: Hufitrai, Huispu, Kurüi, y el de mi madre que era Kallfukar. Ahora, si una mujer olvida su nombre porque dice que nunca lo escuchó decir, es un signo de que tal mujer carece de inteligencia. ¡Había tales mujeres!".

Yo comenté, "Me pregunto qué diría el padre Félix José si él lo hubiese escuchado recién".

"El padre Félix José estaba sorprendido porque yo sabía mucho", él replicó. "Él me lo dijo más de una vez mientras le estaba ayudando con los Diccionarios. Yo estoy sorprendido de mí mismo por saber tanto acerca de las cosas que ustedes quieren saber y por ser capaz de responder a sus preguntas. También estoy sorprendido de lo inteligentes que son ustedes y de lo mucho que saben sobre las cosas que me están preguntando".

---

[27] Ibid., 38-39.

Por un momento, se sentó en silencio y parecía pensar. Luego, habló con su esposa e hija en mapudungun y continuó, "Quizás la razón por la cual una mujer no escucha pronunciar su nombre por un largo tiempo es por una costumbre nuestra en que el nombre de la madre es rara vez usado en la familia. Cuando nace el primer hijo, la madre ya no es llamada por su nombre personal. Por ejemplo, cuando nació mi primera hija, nosotros la bautizamos María. De ahí en adelante, mi esposa fue llamada Mariañuke, que significa 'la madre de María'. Siempre, el nombre del primer nacido se coloca antes de la palabra para madre, *ñuka*. Lo mismo es realidad con respecto al padre. Después de que María nació, yo era llamado Mariagnichau, que significa el padre de María. En vista de que yo era el mayor de mi familia, mi madre siempre fue llamada Huenunñuke. Sin embargo, solo los miembros de la familia de uno, como los abuelos, hermanas y hermanos de mi padre y madre, usan estos términos. Cuando nace el segundo hijo, no hay ningún cambio en los nombres de los padres; estos son siempre conocidos por el nombre de su primer hijo, aún cuando tengan la condición de abuelos. Sin embargo, si el primer hijo muere, los padres retoman sus propios nombres nuevamente".

Ahora, con mucho cuidado, leyó los nombres femeninos enumerados por Félix José, "A juzgar por los significados de estos nombres, ellos deben haber sido recogidos en la costa del Pacífico", explicó Huenun. Él tradujo algunos: Antutray, "cascada-de-el-sol"; Apoil ́eufu, "río-que-se-llena-por sí mismo"; Amuinera, "un-zorro-que-se-ha-ido"; Ayelewei, "riendo"; Aflai, "quien-no-está-terminado"; Allwekintui, "buscado-con-interés"; Ayunkew, "una-amada-tierra-de-piedra"; Kallfuray, "flor azul"; Kinturay, "la-que-busca-flores"; Liftuipani, "un-puma-que-se-baña"; Llankuray, "una-flor-que-se-ha-caído".

Su hija había salido a revisar sus caballos —habían venido montando a caballo. A su regreso, le dijo a Huenun que el sol estaba casi tocando la Cordillera. Otro día estaba llegando a su fin. Habíamos tenido una entrevista agradable y habíamos gozado estando juntos. La esposa de Huenun estaba particularmente contenta con nuestra comida, un delicioso cordero estofado, y algo ligero a la hora del café, café caliente y panecillos de manzana y canela que las hermanas nos habían servido.

"¿Les gustaría que les tomemos una foto?", les pregunté. Huenun contestó que, en verdad, estaría muy agradecido de que se las tomara y tenerla impresa. Nos paramos a donde estaba la luz del sol favorable y les tomé las fotos. Huenun estaba contento con los kilos de harina que les dimos y varios pañuelos grandes rojos que trajimos de Norte América. Mariañuke y su hija estaban contentas con las bolsas de *yerba mate* y un par de aros para cada una que también habíamos traído desde Norte América.

Al partir, Mariañuke nos hizo una invitación muy afectuosa para que los visitáramos en su hogar y allá conociéramos a su madre de avanzada edad que vivía con ellos. Le prometimos hacerlo. Francisca, Margaret y yo los acompañamos a donde estaban pastando sus caballos —ahora, relinchando. Nos despedimos y los observamos hasta que desaparecieron detrás de los cerros. Nuevamente, nos sorprendimos por la cortesía y refinados modales de las mujeres mapuche, esperábamos con ansias las entrevistas con mujeres en los valles confinados de la parte alta de los Andes.

CAPÍTULO IX

Matrimonio al estilo mapuche

Era una mañana resplandeciente y Huenun llegó exactamente a la hora debida. Su apretón de manos fue con todo el corazón; el *koyagtun* demasiado amistoso. Margaret se sentó al final de la mesa, y le preguntó, "¿Cómo puede saber exactamente qué hora es?".

Él respondió, "Cuando sale el sol, no tengo ninguna dificultad en saberlo, pero cuando no hay sol, solo puedo adivinarla. ¿Qué hora tiene en su reloj? ¿Son exactamente las nueve? Bueno, comencemos entonces". Y se sentó a la mesa en el lugar acostumbrado.

Él comenzó, "Ahora que me han estado preguntando acerca de nuestras antiguas costumbres, hay muchas que se me vienen a la mente. Hoy les contaré sobre nuestras costumbres de matrimonio, y lo que les cuento es estrictamente una costumbre antigua. En los valles más altos de la Cordillera aún se casan de esta manera, pero muy pocas personas lo hacen en nuestro valle. Sin embargo, en el valle de Coñaripe se pueden encontrar matrimonios así. Levantando sus cejas hacia adelante, él añadió, "esta debe ser una costumbre de particular interés para Margarita porque ella aún es una señorita; para usted, es solo algo para registrar como otra costumbre mapuche".

Caminó hacia la ventana para convencerse de que su caballo estaba pastando donde él lo había dejado, y luego comenzó enérgicamente: "Un padre decide que su hijo está para casarse. Luego, puede conversar el asunto con su hijo o pedirle a otro hombre que lo haga; generalmente, se lo pide a otro hombre. Una vez hecho esto, el padre o el mediador va donde el padre de la niña, con la cual él quiere que su hijo se case, para ver qué piensa sobre eso. Si ambos padres están convencidos, ellos discuten la dote a pagar por la niña, y llegan a un acuerdo con respecto al número y especies de animales que deben ser pagados. Por lo general, la dote de la novia consiste en uno o más caballos, varias vacas y ovejas.

"La madre de la niña tiene el derecho a expresar su opinión, y se ha sabido que ella ha dicho, 'yo no quiero dar a mi hija a ese hombre; no lo conozco'". Pero, si el padre de la niña piensa que él es el hombre correcto para su hija, él puede hacer todos los preparativos sin el consentimiento de su esposa. Eso ha sucedido. También ha ocurrido que la madre de la niña aún se opone cuando el hombre y sus parientes vienen a buscar a la novia, pero si la niña no protesta, las objeciones de su madre son denegadas. La madre del joven también tiene el derecho de discutir las ventajas y desventajas del matrimonio de su hijo; incluso le puede pedir a alguien, que pueda hablar bien y en forma más convincente que ella, para que converse con su hijo. Pero los dos padres toman la decisión y acuerdan el día para el matrimonio. Mientras esperan que llegue el día, el padre del novio invita a hombres, a veces mujeres y a todos los parientes para que el día señalado vayan con él a la casa de la niña. Los invitados, que pueden llegar a ser más de treinta, llevan consigo la dote de la novia. Yo mismo integré uno de esos grupos durante cuatro veces; y de esas experiencias sé cómo se hace esto. El padre del novio fue el que me invitó en cada una de esas ocasiones. Una vez, recuerdo que éramos veinte hombres maduros, dos jóvenes y una mujer mayor —necesitaban que muchos hombres llevaran todo el ganado que era la dote por la novia. A la mujer mayor se le pidió que fuera porque era una oradora capacitada y debía aconsejar a la futura novia. El hombre que va a casarse, por supuesto que nos acompaña, pero permanece al fondo.

"Ahora, el día del matrimonio ha llegado y la niña no sabe que vienen los hombres. Para asegurarse de que ella estará en el hogar, ellos parten muy temprano en la mañana —de hecho, lo suficientemente temprano para estar seguros de llegar antes de que ella pueda haber salido a los campos, jardines o cualquier otro lugar. Cuando llegan, rodean la *ruka* a escondidas de modo que ella pueda ser atrapada si intenta escaparse. Cada animal, para pagar la dote por la novia, es amarrado con un lazo aparte y el padre del novio los sostiene de los extremos, listo para entregárselos en el momento apropiado, de uno en uno, al padre de la novia.

"Como he dicho, los hombres y las mujeres ya han llegado y rodeado la *ruka*. Después del *koyagtun* entre los dos padres, el padre del novio dice, 'He venido a traerle estos animales', y los nombra uno por uno. 'Se los he traído de modo que usted me entregue a su hija para mi hijo'. Luego, él da la razón por la cual él ha escogido a la hija de este hombre; su razón puede ser su buen carácter, su crianza, su buen comportamiento, su belleza, o por cualquier otra razón en particular. Él terminará diciendo, 'Le ruego a usted darme esta hija'.

"Después, habla el padre de la novia. Él dice, 'Es verdad, he criado bien a mi hija, pero no lo hice pensando en que usted vendría a pedírmela. Si le doy a mi hija es porque yo lo conozco a usted; sé quién es usted'. O bien, puede decir que le está entregando a su hija porque conoce muy bien a su padre o sus hermanos. Cualquiera sea su razón, él la declarará. Luego, el padre del joven le hace entrega de los lazos, uno por uno, al padre de la niña. Si este último está satisfecho, dice, 'Los acepto, le entrego a mi hija'".

Huenun continuó diciendo, "La frase, 'le entrego a mi hija', es la más importante de todas porque obliga a la joven a irse con el hombre. Después de que todo esto ha sido hablado, los padres de la novia le darán un buen consejo a ella. Le dirán que vaya con el joven y sea una buena esposa para él; que no debe arrancarse de él, comportarse bien desde todo punto de vista, ser respetuosa con sus padres políticos y que este es el deseo de Chau. Le dicen que a ella Chau se las dio, y que ahora ellos la están entregando a este hombre. Antes de salir de la casa en busca de la novia, los padres del novio también le dieron buenos consejos a él. Si los padres son muy jóvenes para dar consejo, buscan a una persona mayor, como la mujer que llevamos una vez, o alguien que sea un orador eficaz, quizás un abuelo. Durante todo este tiempo, el novio se ha mantenido a distancia. La novia ha escuchado todo lo que se ha conversado, pero no ha dicho ni una sola palabra. En esta ocasión, es costumbre nuestra que ella no le diga nada a nadie. Son los otros los que hablan.

"Ha sucedido que la niña queda tan sorprendida por ser dada en matrimonio, que manifiesta su resentimiento y se niega a dejar su hogar. De hecho, sin decir ni una palabra, ella puede salir de la *ruka* e irse si la formación de los hombres asistentes es descuidada. He visto a una mujer arrancarse; la vimos correr por los campos y cerros como un conejo. Cuando esto sucede, los hombres que vinieron con el padre del novio y debieron estar en alerta, corren tras de ella —los treinta hombres si es que son tantos como eso. El deber de ellos es traerla de vuelta porque se debe ir con el joven. En esta instancia, los hombres se montan a caballo y galopan tras esta novia reacia; de hecho, yo le presté mi caballo a uno de ellos. La agarraron y la trajeron de vuelta, y ella tuvo que irse con él. Yo creo que son felices porque ella aún está viviendo con él —al menos parecen serlo. Las cuatro mujeres que ayudé a conseguir estaban dispuestas a irse con los hombres, pero sí vi arrancarse a la que recién les conté. ¡Ella corrió como un conejo!". Él aún estaba sorprendido por eso.

Huenun continuó diciendo que, si la mujer no opone resistencia y todo ha salido correctamente, a ella se le ordena sentarse donde pueda ver los regalos habituales que los parientes del novio les entregan a sus padres. A su madre, se le pueden dar adornos de plata para el cabello, joyas de plata y quizás un *chamall*, que ella usará como ropa para sí misma.

Después de que los regalos han sido presentados, el hombre se acerca a la *ruka*. En este momento se mata una oveja traída por su padre como parte de la dote por la novia, es preparada y servida como comida para la joven y su familia. La oveja entera debe ser consumida incluyendo su sangre; a excepción de los huesos —estos son tirados a un río o lago para asegurarse que ningún perro los consiga. "Si los perros comen algo de esa oveja, incluso los huesos, mala suerte vendrá a ambas familias". Huenun lo dijo con certeza. Después de que la familia de la novia ha comido, ellos matan una oveja y la sirven entre todos los presentes. Esta oveja no es considerada sagrada, solo lo es la que alimentó a la familia de la novia.

A pesar de que el novio se une a la muchedumbre mientras se prepara la comida, él y la novia no hablan entre ellos hasta el término de las dos comidas. Es en ese momento en que él se acerca a ella y se toman de la mano. Huenun dijo, "No es como tomarse de las manos durante una ceremonia en las iglesias de hoy". Por lo general, nadie de los allí presentes lo nota. Esta es realmente la primera vez que ellos están cerca el uno del otro. En tiempos pasados, era muy muy raro que ellos se conocieran antes de esta ocasión. Ahora, personas mayores que están ahí les dicen que se amen, formen una familia, y que tengan una buena vida familiar juntos". La mujer es subida a un caballo, y ella y el hombre cabalgan hacia la última *ruka* paterna. Acá, ellos están en su hogar ahora.

Una parte de esta *ruka* será su hogar por varios años, después de los cuales se levantará una *ruka* para ellos. Si sucediera que a la mujer se la requiere en la casa de su padre —quizás porque su madre no está bien o es incapaz de realizar su trabajo— la pareja hará su hogar en la *ruka* paterna de la mujer. "Pero esto es raro. El orgullo de los mapuche no le permitirá a un hombre vivir en la *ruka* que fue el hogar de su esposa", dijo Huenun.

Después de que la mujer ha vivido por un tiempo con su marido, ella va a su casa a recoger los animales que le pertenecen, frazadas que ella tejió y cualquier otra cosa que ella haya acumulado con sus propios esfuerzos. También traerá de vuelta cualquier cosa que sus padres y parientes le regalen. Si ella no va a buscar estas cosas, sus padres se las enviarán si su padre así lo decide. Si su padre es un hombre rico, puede darle varios caballos, varias cabezas de ganado y algunas ovejas además de sus propios bienes. Probablemente, puede que también le regale algunos adornos de plata. De lo contrario, si es un hombre pobre, ella recibirá muy poco de él.

Él continuó, "Cuando yo tenía cerca de treinta años, mis tíos me hablaron de casarme. Ya que yo no tenía padre, ellos tomaron la responsabilidad de buscar una mujer para mí, pero yo preferí irme a Argentina con un tío. Quería probar mi habilidad para cercar ganado salvaje, del cual había mucho en la pampa. En ese entonces, yo también era muy pobre como para casarme". Se rio de esto. "Vino una luna, pasó otra y otra y más tiempo aún. Mis tíos me exhortaron a consentir casarme con la mujer que ellos habían encontrado para mí, y con la cual estoy casado ahora. Ellos decían que sería una buena esposa para mí. Me insistían para que no fuera a Argentina porque muchos hombres, que fueron para allá, se establecieron y nunca más volvieron y no querían que yo hiciera lo mismo.

"Finalmente, uno de mis tíos habló con el padre de la mujer; los dos estuvieron de acuerdo en que dos caballos serían suficientes para la dote de la novia. Eso significaba llevarse el único caballo que yo poseía, y ya que se necesitaban dos, mi tía me dio uno de los de ella. Algunas semanas más adelante, fuimos tres hombres mayores, seis jóvenes y cinco o seis mujeres en busca de la mujer. Entre estas personas, estaban mis tíos y mi tía —todos eran parientes. De mis propias ganancias, compré otro caballo, pero este lo tuve que usar para pagar el *machitun* del cual les conté hace unos días atrás. Mi esposa también era pobre, dos vacas era todo lo que poseía. Trajo las vacas con ella, pero un puma las mató a ambas. Más adelante adquirimos tres caballos y yo negocié uno de ellos por una vaca. De esta vaca, ahora tenemos las veinticuatro cabezas de ganado que poseemos. Ahora también tenemos seis caballos —en la familia todos poseen uno— y yo creo que unas veintitrés ovejas.

"No creo que mi esposa haya sabido que yo me iba a casar con ella. Nunca le he hablado sobre eso, y creo que nunca lo haré. Lo importante es que nos amamos y lo hemos hecho siempre. Yo no la ofendería haciéndole esa pregunta. Como les conté, una costumbre nuestra es que el hombre y la mujer, con la cual se pretende casar, no se hablan antes del matrimonio, y yo nunca había hablado con ella. Ellos lo harán en forma secreta si tienen la oportunidad para hacerlo, pero rara vez se da. Yo no tuve la oportunidad de hablar con ella antes de nuestro matrimonio, y en ese entonces también dudé porque yo era pobre. A pesar de que ella era pobre, ella era más rica que yo. Aunque me hubiese gustado hablar con ella, porque es humano querer hablar con la persona que uno ama cuando está enamorado, hablé con su padre unos dos o tres meses antes, y puede que ella haya sospechado algo, pero como les dije, nunca hablé con ella. Cuando mi tío la pidió, no hubo objeciones porque yo no ofendo ni hiero a nadie, por lo general las personas me quieren.

"Mi esposa fue bien criada. Ella también era casta; ella había sido bien protegida por su madre. En general, las niñas eran castas antes de sus matrimonios, y hoy también lo son. En buenas familias, para una niña es imposible conocer hombres antes del matrimonio, pero en familias menos educadas sí suceden esas cosas. Si un mapuche, con una promesa de matrimonio, deja embarazada a una niña y luego no cumple su palabra, los hermanos de la niña se encargarán de que el espíritu del mal se apodere de él y de ese modo sacarle esa idea de la cabeza. A tal desquite nosotros lo llamamos *wulla*. De vez en cuando, hay una mujer que también comete una falta y vive con muchos hombres y no se casa con ninguno, pero estos casos son muy pocos. Es nuestra costumbre que un hombre se case con varias mujeres, pero nunca que una mujer se case con más de un hombre".

Cuando le pregunté si prestar a la esposa era una costumbre mapuche de los primeros tiempos, diciéndole que hay referencias en la literatura sobre eso, él respondió: "Nunca he escuchado que nadie haya prestado su mujer a otro mapuche o a un visitante o a nadie más". Cuando se le preguntó acerca de un hombre que presta a su hija a un visitante —también se encuentra tal referencia— toda su expresión corporal y facial completa indicó rechazar la idea, y con indignación y en forma demasiado enfática dijo, "¡Mucho menos eso! Algunos *huinca* piensan que saben algo acerca de los mapuche y luego escriben esas cosas de poco valor para degradarnos a los ojos de otros. Cuando era joven salí mucho, vi y escuché muchas cosas, pero nunca me encontré con algo así. Incluso no recuerdo haber escuchado sobre eso.

"Antiguamente sucedió, y ahora sucede en forma ocasional, que un hombre que ya tiene esposa, o quizás varias, ve a otra niña que le gusta y envía a un grupo de hombres para secuestrarla. El secuestro es realizado en la noche. La niña puede forcejear, su padre objetar dicha acción y todos gritar, pero nadie puede impedir que la niña sea llevada; los hombres fuertes exceden en número a la familia.

"Nuestras costumbres de matrimonio han cambiado. Sé que hoy es un problema el pagar una dote por la novia: las personas mayores quieren que sea pagada, pero los jóvenes lo ignoran. También sucede que una niña irá al hogar del hombre que le gusta. Si al hombre también le gusta y si su padre lo permite, a ella se la deja entrar a la casa de él. En tiempos pasados, ningún padre de un hombre lo hubiese permitido. Yo mismo pienso que está bien permitirlo ahora, siempre y cuando el hombre y la mujer se amen verdaderamente. Estoy convencido que ya no podemos mantener nuestras viejas costumbres con respecto al matrimonio, y no tengo ninguna intención de organizar el matrimonio de mi hija Teresa que ahora tiene veinte años. He enviado a mis hijas al colegio para que aprendan a leer y escribir; ellas deberían ser capaces de discernir. Arriba en la Cordillera y afuera en el campo encontrarán que aún hay padres que no mandan a sus hijas al colegio. En esas familias, los padres, tanto del hombre como de la mujer, deciden sobre los animales a ser pagados por la niña y cuándo son pagados. Y la niña, quiéralo o no, debe irse con el hombre. Es un remanente de la costumbre que recién les conté. En tales grupos de mapuche, la niña no puede llegar a elegir a su marido. En estas familias, las niñas solo aprenden lo que todas las mujeres mapuche deben aprender, particularmente, cuidar de la casa; no aprenden más que eso".

En este momento pensé que sería oportuno hacerle unas preguntas para verificar y clarificar información que habíamos recogido en la zona costera, que trataban sobre el matrimonio privilegiado, prohibiciones dentro del mismo, bromas y vínculos de parentesco político. Al hacerlo, él estalló, y en un tono de voz que no dejaba duda alguna de que había despertado su ira, dijo: "Me han contado que ustedes hicieron estas mismas preguntas sobre los mapuche en la costa del Pacífico. ¿Acaso no creen lo que ellos les han contado? ¿Le hacen estas mismas preguntas a cada uno de los mapuche?". Adopté un aire de dignidad ofendida y expliqué que a veces quería información de varias personas sobre un tema porque, dentro de un pueblo, las costumbres difieren de un grupo a otro. Esa era la razón por la cual yo le estaba pidiendo información en estos temas en particular. ¿No me había dicho usted que había variaciones de dialecto en el idioma mapuche? ¿No será posible, entonces, que pudiesen existir variaciones en otras cosas también?, le pregunté.

Habiendo podido desahogar su resentimiento y con eso, mantener su ego inflado, él respondió fuerte, "¿Están listas para escuchar ahora? ¿Está preparada, señorita Margarita, para anotar las cosas? Si es así, ¡comencemos!".

Margaret pensó que bien podría habernos ordenado, "¡Listas! Uno, dos, tres ¡vamos!".[28]

Él comenzó, pero habló a un ritmo lento, haciendo un alto después de cada frase u oración. Sus ojos fijos en el cuaderno de Margaret, y continuó solo después de que ella hubiese escrito lo que él había dicho. En este caso, fue un procedimiento lento, pero particularmente útil. "Mi hijo puede casarse con la hija de mi hermana (esa fue su primera oración). Mi hija puede casarse con el hijo de mi hermana (esa fue su segunda oración). En otras palabras, mis hijos pueden casarse con los hijos de mi hermana (esa fue su tercera oración, un enunciado de resumen). También, mi hijo se puede casar con la hija de la esposa de mi hermano, y mi hija con el hijo de la esposa de mi hermano. En otras palabras, mis hijos pueden casarse con los hijos de la esposa de mi hermano. Por el contrario, mi hijo no se puede casar con la hija de mi hermano, ni tampoco mi hija casarse con el hijo de mi hermano. En otras palabras, mis hijos no pueden casarse con los hijos de mi hermano. Mi hijo tampoco se puede casar con la hija de la hermana de mi esposa, ni mi hija puede casarse con el hijo de la hermana de mi esposa. En otras palabras, mis hijos no pueden casarse con los hijos de la hermana de mi esposa. Los hijos de las dos hermanas no pueden casarse entre ellos, ni tampoco los hijos de dos hermanos". Ahora había verificado lo que habíamos aprendido en la zona costera: los mapuche pueden casarse entre primos cruzados, pero no pueden casarse entre primos de la misma línea.

Margaret había anotado con gran exactitud cada pedazo de información, y al final me pasó una hoja de papel en donde había escrito, "¡Espero que esté fácil de entender!"

---

[28] N. del T.: Traducción de la expresión anglosajona equivalente a la fórmula es castellano "En sus marcas, listos, ¡ya!".

"Está extremadamente claro", le respondí.

Huenun continuó: "Cuando tienen dos o más esposas, los hijos de ellas no pueden casarse entre ellos, a pesar de que las esposas no sean parientes de sangre. Estos hijos son considerados hermanos y hermanas porque ambos tienen el mismo padre. Pero, si la segunda esposa del hombre —que no es hermana de su primera esposa— tiene hermanos y hermanas y, a su vez, estos tienen hijos, los hijos de la primera esposa pueden casarse con los hijos de los hermanos o hermanas de su segunda esposa. Eso porque, no siendo su esposa la madre, sus familiares no son parientes. Me puedo casar con ellos si quiero. Ahora, algo que se ha hecho, pero que no es nuestra costumbre y que tampoco la gente acepta, es que un hombre se case con la viuda de su padre, es decir, con una mujer que fue la esposa de su padre, pero no quien lo parió. Aquí vivía un hombre cuyo padre murió, dejando a una joven esposa. Su hijo, que era de otra mujer, vivió con esta joven como si estuviesen casados, y todas las personas hablaron acerca de esto porque no es aceptado por nuestras costumbres. Bajo ninguna condición, un hombre puede casarse con la madre de su padre o la madre de su madre: estos dos casos son muy juzgados porque causan un daño inmenso con respecto a un hijo. Una mujer tampoco puede casarse con el padre de su madre ni con el padre de su padre. No, ¡nunca! De todas las cosas, ¡esa menos que todas las otras!".

"Puedo bromear con las hermanas de mi esposa que sean menores que ella, pero no con aquellas que sean mayores porque las debo respetar. Mi esposa puede bromear con mis hermanos menores, pero no con los mayores porque ella los debe respetar. Estas son nuestras costumbres. Las mujeres pueden bromear entre ellas y hablar acerca de cualquier cosa que quieran, y los hombres pueden hacer lo mismo entre ellos, pero un hombre no le habla a una mujer excepto a su esposa y sus hermanas menores, a no ser que sea absolutamente necesario. Una esposa no le habla a ningún hombre, excepto a su esposo, sus hermanos menores, parientes políticos como el marido de su hermana y al hombre casado con la hermana de su esposo. Sin embargo, ella no debe bromear con estos hombres; solo lo puede hacer con los hermanos menores de su esposo. Hablar con otros hombres solo es necesario para una mujer cuando su esposo no está en casa. Ella no tiene nada que decir cuando los hombres están presentes. A un mapuche, le desagrada mucho ver a su esposa hablando con un hombre que no sea un pariente. Antiguamente, si un hombre sospechaba que su esposa estaba poniendo la vista en otro hombre, él se aseguraba de que fuese verdad y le cortaba una de sus trenzas. Con este acto, todos sabían sobre su ofensa y ella se sentía avergonzada. Él la trataría muy mal e incluso la azotaría".

Le dije, "Ahora sé, Huenun, que lo que aprendimos en la zona costera era correcto; corresponde exactamente a lo que usted nos acaba de contar. ¿Nos puede contar algo más sobre los parientes políticos?".

"Un hombre tiene un gran respeto por su suegro", él respondió. "Cuando un hombre llega a la casa de su suegro, debe realizar un *koyagtun* con él de una forma muy especial —es parecido al *koyagtun* común con excepción del tono monótono en que se lleva a cabo. El suegro comienza, '¿Cómo estás? ¿Cómo está tu esposa?' Y sigue preguntando acerca de todos los que están en la *ruka* de su yerno. Luego, el yerno le hace las mismas preguntas a su suegro en el mismo tono de voz. Todas las preguntas son contestadas por ambos lados. Después, se preguntan el uno al otro por parientes más lejanos, siempre en un tono rítmico. Continúan con esto hasta que el suegro lo considere suficiente. Esto debe hacerse en cada visita".

Huenun se acercó a la ventana para ver la posición del sol. "¿Cómo puede saber la hora en la noche?", le pregunté.

Él contestó: "¿Quién quiere saber la hora en la noche? Eso no tiene sentido. La dirección, sí, porque una persona necesita saber cómo llegar a su hogar en la noche. Si hay estrellas, ellas le permitirán guiarlo; si no, él debe quedarse en la *ruka* de alguien de un día para otro. Él puede encontrar, ya sea, *pünon*, las huellas de un ave parecida al avestruz, o *l'uan*, guanaco; o *lükai*, boleadora; o *utrul poñü*, un montón de papas; o *yepun*, la estrella de la tarde; o *wünyelfe*, la estrella de la mañana". A medida que mencionaba estas constelaciones, nos iba señalando su lugar. Parece que astronómicamente, *pünon* es Reticulum; *utrul poñü*, una estrella en Pavo; *lükai*, una en Cruz; y *l'uan, una* en Centauro.

"Ya es hora de partir a casa", él advirtió. Nos invitó nuevamente a su hogar. "Deben venir a mi *ruka* antes de que se vayan de Panguipulli", dijo enfatizando con golpes al marco de la ventana.

Le aseguré, "Iremos pasado mañana Huenun. ¿Puede venir usted para mostrarnos el camino?".

Huenun preguntó: "¿Pueden estar aquí a la hora en que el sol está allá [cenit]? Yo estaré aquí y mi esposa estará feliz de saber que ustedes van a ir".

Le regalamos un saco de harina, nos dimos la mano en forma cálida y le enviamos saludos a su esposa y familia. Luego, caminamos con él hasta donde estaba pastando su caballo. Lo vimos desamarrarlo y montarse en él. Se despidió de nosotras, de los niños y trabajadores que estaban en el patio y se fue galopando.

Margaret y yo salimos a dar un paseo para relajarnos. Nuestro paseo favorito en Panguipulli era atravesar una pradera, y cruzar por sobre y por debajo de unas rejas, hasta llegar a un lugar al lado del cerro desde donde podíamos ver la puesta del sol en las cimas nevadas de cuatro potentes e impresionantes volcanes: Choshuenco, de acuerdo con Huenun, un guerrero poderoso; Quetropillán, un extraño para nosotros; Villarrica, una belleza en simetría; y Lanín, el más imponente y alto de todos. Los últimos rayos del sol, en sus sombreros de nieve, reflejaban los colores del arcoíris. Luego, se desaparecieron mezclándose en un azul delicado y por fuera, en un azul intenso. Mientras se ponía el sol en estas cimas montañosas, era como si otro día estuviera dando las buenas noches, primero al Choshuenco, luego al Quetropillán, después al Villarrica y finalmente al Lanín. A esta hora, los valles se manifestaban a medias porque se puso oscuro como la noche y solo se podía ver la silueta de la Cordillera en el cielo con la puesta de sol. Otro día había pasado. Mientras estábamos sentadas ahí en silencio, le recité una copla a Margaret, una que yo había aprendido de un pedacito de papel que recogí mientras estaba entre los piegans y los indios rojos en los fabulosos Roqueríos Canadienses —el nombre del compositor era desconocido: "La paz de Dios es una tranquilidad demasiado profunda y un descanso; como el silencio de las cumbres montañosas revestidas de nieves eternas no pisadas".

La oscuridad estaba sobre nosotros. Margaret y yo nos encaminamos a casa, tranquilas y reconfortadas, nuestras almas en paz con Dios y el hombre.

CAPÍTULO X

¡Adiós, Huenun! ¡Adiós!

Huenun llegó antes de que el sol estuviese en su cenit. Ya que parecía que iba a llover, él había partido temprano desde su casa. Miró alrededor de la sala y caminó hacia donde estaban reunidos nuestros bolsos, cajas y la máquina de escribir listos para nuestro viaje a los valles más altos de los Andes. Él pareció estar pensativo. "Ahora que se deben ir, yo sé lo que ha significado su amistad para mí", nos dijo muy triste. Le dije que yo estaba segura de que él había tenido buenos amigos antes de que nos conociera y que estos seguirían siendo sus amigos después de nuestra partida. Empujó una silla hacia la mesa, y también lo hicimos nosotras. Su cara irradiaba esa expresión cariñosa que, el día en que había traído a su esposa e hija, habíamos visto en él. Él comenzó: "El padre Sigisfredo ha sido el mejor amigo que he tenido en mi vida; él ha sido como un padre para mí. Sí, el padre Sigisfredo ha sido mi mejor amigo". Se sentó ahí por un momento, visiblemente conmovido y mirando al infinito. Con su puño se secó las lágrimas de sus mejillas y continuó, "Los sinceros y verdaderos amigos de todos los mapuche son los animales salvajes; cada uno de los mapuche es amigo de todos los animales. Y a menudo se ha demostrado que los animales son amigos de los mapuche. Por ejemplo, es por todos sabido que un mapuche que había cabalgado por muchos días antes de que pudiese coger comida, le rezó a Chau para que le enviara comida y muy pronto un puma le trajo un animal pequeño que había matado. Tendió el animal a los pies del caballo del hombre, luego partió y se fue muy lejos —esto lo hizo para permitirle al mapuche desmontar y comer sin temor".

Francisca nos avisó que estaba lista nuestra comida del mediodía. Después de comer, envolvimos algo de comida para llevar ya que esperábamos cenar en el hogar de Huenun. Lo más probable era que estuviese oscuro antes de que regresáramos a la misión. Huenun, Francisca y yo partimos siguiendo la huella de una carreta de bueyes. Él nos dijo, "A caballo me demoro veinte minutos en llegar a casa; por supuesto que a pie me tomará más tiempo". Más adelante, él comentó, "nos tomará una hora llegar a mi *ruka* al paso lento que van ustedes. Debí haber pedido prestado unos caballos de modo que pudiesen haber cabalgado". El día anterior, él nos había ofrecido traernos caballos, pero nosotros le habíamos dicho que preferíamos caminar.

Avanzamos un rato despacio a lo largo del sendero. Luego, seguimos por un camino que tomaba un atajo por campos, y otro que serpenteaba alrededor de ellos; y de vez en cuando bordeábamos una *ruka* con sus jardines. Pasamos muy cerca de la finca de un chileno, en donde una mujer estaba sentada trabajando. Huenun se quedó quieto por un momento y le dijo, "Con su permiso, señora". Nosotros también le pedimos permiso, hicimos una reverencia y continuamos. Nos arrastramos por debajo y por encima de unas rejas. Había rejas con barandas que se sostenían en cortes hechos a unos postes; rejas de troncos de árboles partidos y colocados en forma vertical muy juntos el uno del otro; rejas de troncos de árboles quemados y amontonados en desorden. Le expresé que uno tenía que realizar ejercicios acrobáticos para atravesar estas rejas. Huenun se rio a todo dar. "¿Estas rejas?", él se preguntó. "Estas rejas evitan que los animales, que están pastando, vaguen por los campos de otras personas". Paramos algunas veces para comer unas moras deliciosas —miles de ellas colgaban desde arbustos altos, resplandeciendo con gotas de las lluvias matutinas. Huenun las rechazaría y no comería ninguna.

Francisca señaló, "En esta parte de Chile, todos los habitantes consideran que estas moras son una peste. Todos se culpan entre ellos por introducirlas. Los alemanes culpan a los franceses, por haber traído las primeras moras a Chile; los franceses culpan a los alemanes por haberlo hecho. Por su parte, los mapuche y chilenos culpan tanto a los alemanes como a los franceses por traerlas. Lo que sí se sabe, con cierta certeza, es que las moras fueron introducidas por colonos europeos que las plantaron con el objetivo de cercar el terreno para sus ovejas. Cuando las zarzas crecieron sin ningún control, trajeron cabras para que se comieran las zarzas. Hace solo tres años atrás los campos de grano estaban libres de toda peste, pero ahora están invadidos con zarzas de mora. Nadie puede decir cómo va a terminar todo esto".

Ahora, Huenun nos guio hasta la cima de una colina para disfrutar del paisaje. Él nos señaló las bellezas de este valle: a la distancia se podía ver la majestuosa e impresionante cordillera de los Andes; y directamente, al frente de nosotros, las aguas tranquilas del lago Panguipulli; a nuestra izquierda, se situaba el volcán Villarrica en toda su majestuosidad, y humeando esporádicamente. Huenun nos dijo que el volcán humeaba con orgullo, y que lo hacía desde las profundidades de la tierra. Después, más allá estaba el Choshuenco, aquél era el que murió al explotar su cima en una pelea con el Villarrica. Huenun dijo, "Desde entonces, nadie lo ha visto hacer erupción, pero desea que el Villarrica sepa que no ha perdido su orgullo; por eso usa su sombrero [formación de nubes que asemejan la forma de un sombrero de ala-ancha]. ¡Vean con qué dignidad lo usa! En años recientes, como les conté hace unos días atrás, hemos aprendido que en el Villarrica no se puede confiar porque, en cualquier momento, puede comenzar a arrojar rocas de azufre y no se sabe por cuánto tiempo. Me temo que se ha convertido en un compañero pérfido e indigno de confianza". Él continuó: "allá está el Lanín, casi en la punta de la Cordillera. Él usa un sombrero en todo momento. Los argentinos lo reclaman, pero él es respetado en ambos lados de la Cordillera". Y continuamos caminando.

"¿Nació usted en este valle?", le pregunté.

"No, yo no nací aquí, pero mi esposa sí", él respondió. "Yo nací en Chinquil, cerca de Melefquen. Aún se puede ver una arboleda de manzanos donde vivíamos en ese entonces; yo conozco donde queda ese lugar. He escuchado decir que teníamos tantas manzanas que hacíamos cubas grandes de chicha todos los años. Allá vivíamos con mi abuelo, cuando yo era un niño pequeño, porque mi padre era pobre. Él fue a Concepción a defender sus derechos sobre su tierra y puso una demanda. Más adelante supimos que se había ido a Valdivia, y nunca volvimos a saber de él. Siempre hemos pensado que no tenía dinero para volver y probablemente, se casó con otra mujer allá. A menudo me he preguntado si es que él aún vive. Su nombre era Kalfuñamku, que significa 'águila azul'; mi madre se llamaba Kalfukar, como les dije anteriormente. Yo tenía un hermano menor, que era conocido por el nombre con el cual lo bautizaron, José Miguel.

"Cuando yo había crecido un poco, nos mudamos a Anacomoi[29] —tuvimos que dejar Chinquil porque era imposible vivir por más tiempo allá. Los dueños de los fundos, tanto chilenos como de otros países, nos estaban robando nuestras tierras; se estaban trasladando por todas partes. Mis abuelos y mi madre fueron enterrados en Anacomoi. Ahora el lugar es un fundo, y el lugar donde fueron enterrados es un campo de trigo, pero yo sé donde están sus tumbas. Recuerdo bien cómo estos intrusos plantaron avena justo en el patio de nuestra *ruka*. Cuando las semillas empezaron a crecer en los tallos, supe que los tallos estaban listos para convertirse en pífanos. Por consiguiente, tomé algunos tallos e hice pífanos con ellos. El inquilino me escuchó tocarlos y debido a eso, arengó a mi madre y mi abuela. Mi madre me aconsejó que no tocara el pífano de nuevo, y nunca más lo hice. Sin nada más que hacer, comencé a atrapar golondrinas con una trampa que había hecho.

"Esto me recuerda que olvidé contarles acerca de este tipo de trampa. Bien, hice una trampa enterrando un palo pequeño en la tierra y amarrándole un lazo corredizo de crin de caballo que servía como trampa. En el lado opuesto al palo, clavé una pluma de ganso en el suelo y después me tendí cerca de allí para ver cuando venía la golondrina a sacar la pluma de ganso para su nido. Para obtenerla, tenía que pararse en la trampa y alcanzarla. Con el movimiento, la trampa se cerraba en sus patas y entonces era capturada. Ella batallaba con sus alas extendidas para tratar de escaparse. Cuando atrapé mi primera golondrina, yo estaba demasiado contento y se la llevé a mi abuela. Ella le amarró un cordel en una de sus patas para evitar que se volara y me dijo que la domesticara, pero justo llegó una mujer que me la compró. Me pagó cuatro papas por ella.

Luego vinieron días tristes. Mi hermano menor, José Miguel, se enfermó; alguien había usado brujería en él. La hermana de mi padre le dio decocciones de hierbas, pero no lo ayudaron. Él escupió sangre y pronto se desangró y murió. Dos años después, mi madre murió. También, alguien le había practicado brujería por lo que sospechamos que un pariente lo había hecho en ambos. Entonces, quedé huérfano. Mis

[29] N.del T.: No fue posible encontrar la locación de estos topónimos (Anacomoi y Chinquil), puede que contengan errores de escritura o bien correspondan a asentamientos antiguos.

abuelos se hicieron cargo de mí, y yo los ayudaba cuando podía; siempre recogía madera y agua para ellos. Recuerdo a mi abuela tejiéndome un *chamall* para vestirme. Cuando no tenía ningún trabajo que hacer, yo fabricaba juguetes. Una vez, hice un yugo en miniatura; un arado de madera con un poste que se usaba para guiar a los bueyes. Al arado le sujeté dos gatos amarrando el yugo a sus orejas. Las personas mayores me molestaban por eso, pero yo me divertía haciéndolo. También, tallé caballos de madera de tal modo que sus cabezas tuviesen orejas y boca para colocarles riendas hechas con tiras pequeñas de corteza.

"Luego murió mi abuelo. En ese entonces, yo tenía la edad suficiente para ir a los campos e impedir que los loros se comieran las semillas plantadas ahí. Incluso ahora hay bandadas de loros que atraviesan nuestro valle para alimentarse con semillas tan pronto como los campos están sembrados; ellos van camino a montañas más altas. Yo era feliz afuera en los campos y cantaba canciones, pero cuando llegaba a casa, me ponía triste y lloraba porque pensaba en mi abuelo. Mi abuela me consolaba, pero ella también lloraba. Recuerdo que, en ese tiempo, un hijo del hermano de mi padre se fue muy lejos; dijeron que se había ido a preparar la tierra quemando bosques. Cuando estaba un poco más grande, dejé el hogar de mi abuela para buscar trabajo en un fundo. Yo tenía, probablemente, unos veinte años cuando volví a casa. Aquí encontré a uno de mis parientes, de más de treinta años, que había regresado de un colegio en Valdivia donde había aprendido a leer y escribir —él fue el que me enseñó a leer y escribir, como ya les conté".

Doblamos en un sendero angosto por el cual caminábamos como los gansos. Tan pronto como llegamos al final de este, Huenun continuó: "No estamos lejos de mi *ruka* ahora. La tierra que poseemos son treinta hectáreas. Como les conté antes, el padre de mi esposa se las dio. La mayor parte de esa tierra es húmeda y solo se puede usar para pastar. El pasto es verde durante todo el año. Me gustaría drenarla y plantar grano en ella, pero es imposible. Hay árboles buenos en ella: canelo [*Drimys winteri*]; temu [*Temu divaricatum*], y patagua [*Myrceugenia planipes*].

"Además de nuestra tierra, tenemos tres pares de bueyes. Cuando aún eran terneros, se los di a mis hijos, que entonces eran niños pequeños, y por lo tanto los bueyes les pertenecen a ellos".

"¿Cómo se llaman los bueyes?", le pregunté.

"¿Sus nombres?", se rio. "Bien, los de Jerónimo se llaman Tesoro y Madrugada. Juan tiene dos pares. Un par se llama Pajarito y su compañero,

Valiente. Se le puso ese nombre ya que Valiente andaba derecho y sin desviarse mientras era entrenado y parecía como un hombre valiente. El otro par de bueyes que pertenecen a Juan es Alegre y Talamera [trampa para pájaros]".

"También somos dueños de cinco vacas. A una la llamé Cordillera, porque ella está manchada como algunos volcanes en los cuales aparece la nieve blanca y los bosques oscuros. Después, están Cabra, Rosada, Clavel, y he olvidado el nombre de la otra. Las ovejas no tienen nombres. Tenemos un rebaño de treinta y siete ovejas: veinte son mías y diecisiete pertenecen a mis parientes. A estas diecisiete, yo las apacento a medias, es decir, yo obtengo la mitad de los corderos que ellas dan a luz, y mis parientes se quedan con la otra mitad".

"Poseo tres caballos. El que yo cabalgo —ustedes lo han visto cada vez que he ido a ayudarles— lo llamé Calzado porque tiene patas y tobillos blancos. Chercana debe su nombre al pájaro llamado *chercán*, porque tiene el color de ese pájaro. Acabo de comprar un tercer caballo, pero no sé bajo qué nombre es llamado. Tuve otro caballo, pero el otro día se lo di a la herbolaria por los remedios y el tratamiento que le hizo a Jerónimo. Ya que no tenía dinero, me dijo que aceptaría un caballo".

"Cuéntenos acerca de sus hijos", le dije.

"¿Mis hijos? Bien, Juan Benicio es mi hijo mayor; él tiene treinta años", Huenun respondió. "Tarde o temprano se casará, pero él dice que su momento de casarse aún no ha llegado. Él cultiva una tierra que le ha arrendado a un chileno. Después viene Fabián, veintiocho años. Él estudió para chofer, pero no ha tenido la oportunidad de serlo. Él tiene mente de mecánico y le gusta su trabajo como herrero en un fundo, que le pertenece a una empresa que no está muy lejos de Osorno. Él le escribió a Jerónimo contándole que estaba casado, pero no me escribió a mí —probablemente, pensó que yo me enojaría con él. Yo no tengo objeciones con que se case; al final, de todas maneras, tendría que casarse. No sabemos si se casó con una mapuche o una chilena —muchas chilenas viven cerca de Osorno. Una vez me contó sobre un sueño que tuvo: soñó que se había casado con una niña bonita, pero él no sabía de dónde venía ella. En su sueño, él no estaba viviendo en la casa cuando se casó. Luego, viene Rosalía, ella tiene veintiséis años ahora. Ella estuvo con las hermanas en el colegio por dos años y yo la habría enviado por más tiempo, pero tenía que ayudar en la casa. Tuvimos un niño que nació con el paladar fisurado y tenía que ser alimentado por gotas; esto requería mucho tiempo. El niño murió cuando tenía dos años, y después de eso Rosalía vivió en casa de un dueño de fundo trabajando como sirvienta. La esposa y su marido, a menudo, salían del hogar y la dejaban al cuidado de todo el trabajo de la casa; confiaban en ella. Jerónimo llegó después, él ahora tiene veinticinco años. Él no ha estado bien desde que volvió del servicio militar, donde fue maltratado por el oficial a cargo.

"Nuestro próximo hijo es Atanasio; él tiene veintitrés años y aún está en la casa con nosotros. Hoy está ayudando a su hermano en la tierra arrendada; otros días me ayuda a mí. Y nuestra última hija es Teresa de veinte años, que también está con nosotros. Hoy, ella está ayudando a sus hermanos y no estará en casa. Cinco mujeres y dos hombres han muerto".

Ahora nos mostró las *ruka*, de aquí, allá y más allá, y nos dijo que había once de ellas en las que vivían familias mapuche y que todos estaban relacionados entre ellos y también con él —algunos por el lado de su padre, y otros por el lado de su madre. En la zona costera, habíamos aprendido que los mapuche no tenían aldeas, pero que sí vivían en fincas no muy apartadas las unas de las otras. Más adelante, encontramos que esto también se daba en los valles más altos.

A medida que nos acercábamos a su finca, pasamos a través de un campo de trigo no muy productivo. Él dijo; "Este es el campo que está embrujado, como les conté antes. Ustedes pueden ver por sí mismas la gran cantidad de maleza y las zarzas de moras en él. La cosecha fue tan pobre que arrancamos las espigas a mano. Cuando un campo es pequeño, siempre cosechamos a mano, pero este es grande y debería requerirse una segadora para cortarlo. Llevé las espigas de trigo a una trilladora —un chileno trae una para acá en la época de cosecha. El chileno cobró dos kilos por cada saco desgranado —un saco contiene cincuenta kilos. Después de pagarle, me quedaron dieciséis sacos, y de estos tuve que darle ocho sacos a otro chileno que me había dado las semillas la primavera pasada —yo había acordado con él que yo cultivaría el trigo en mi tierra y le daría la mitad".

Las arvejas estaban listas para ser cosechadas, y él esperaba un buen abastecimiento de ellas. "Mañana cortaré las vainas, y en los días siguientes, las arrastraré hasta la casa cuando un par de bueyes estén aquí —ahora los bueyes están siendo usados por uno de mis hijos. Este año la cosecha de arvejas es tan grande que necesitamos uno o dos caballos para desgranarla. Los caballos hacen esto pisando las vainas en una *lila* de la misma manera como antiguamente desgranábamos el grano. En alguna ocasión les conté sobre esto. Si la cosecha es pequeña, golpeamos las vainas con palos. Aquí está el arado que hice con un tronco de árbol; cuando aramos los campos, este es tirado por dos bueyes. Esta es la segadora que uso para cortar el grano". Él había hecho la segadora amarrando una hoja de metal con seguridad a un tronco pequeño que servía como mango.

Ahora, habíamos traspasado la reja de su patio. Su esposa se estaba acercando para darnos la bienvenida y estábamos felices de verla nuevamente. Rosamella, su nieta de tres años venía brincando y persiguiéndola y tras de ella venían Jerónimo y Hortensia, la hija de la sobrina de Huenun y que tenía doce años —la sobrina había fallecido cuando Hortensia era pequeña. Huenun, con una mirada afectuosa hacia cada una, las presentó. Nos saludamos todos con un cálido apretón de manos y luego Huenun nos llevó a ver el telar en el cual su esposa estaba tejiendo un *chamall*. Este era para ser usado como un *küpam*, es decir, como un vestido para ella. Tanto la trama como la urdiembre estaban finamente hilados con lana negra natural; ella necesitaba más para la urdiembre. Dijo, "Si no consigo más lana negra pronto, necesitaré teñir lana blanca con tinta alemana negra —a las tintas alemanas las llamamos *anül* —pero prefiero el teñido negro propio de las ovejas".

Después Huenun quería que viéramos sus dos *rukas* —dos casas de madera bajo el modelo de una *ruka* techada tradicional. El armazón de cada una era de maderos; las murallas y el techo eran planchas de madera, todas habían sido obtenidas de una fábrica maderera en la Cordillera. Cada *ruka* tenía una puerta de tablas gruesas y una ventana cubierta, ya sea por tablillas de madera o con un saco de arpillera colgando. Una *ruka* consistía en una sola pieza, que era cocina y lugar para comer. El humo era expelido a través de los dos aleros que salen hacia adelante y por lugares en la muralla donde no se colocaron planchas de madera con este propósito. En un hoyo en el piso, al centro de la *ruka*, un fuego estaba ardiendo y sobre él colgaban teteras suspendidas por cadenas de hierro desde una vara amarrada a la muralla. Las teteras se sostenían, en forma segura, de unos ganchos colocados en los extremos de las cadenas. En varios lugares de la armazón había amarrados unos tallos de colihue y de ellos colgaban trenzas de cebollas, ramitas de plantas medicinales, un pellejo de oveja, manojos de maíz, varios canastos, un cernidor, y otros enseres domésticos. Los muebles consistían en una silla, varios bancos bajos, una mesa y un pequeño armario con platos y contenedores con comida. Y un montón de papas apiladas en un rincón de la *ruka*.

La otra *ruka*, una estructura de dos piezas, era usada para dormir y almacenar cosas. Cuando entramos, encontramos a la madre de Mariañuke, y a Lauriana, la hermana de Mariañuke, descansando junto a unos sacos de grano. Huenun dijo que la madre tenía más de cien años. Lauriana había venido a visitar a la madre y se había quedado. "Le pedimos que se quedara aquí; ella no tenía nada para comer en su casa", dijo Huenun.

Cuando estábamos de vuelta en el patio, Huenun sugirió que todos se pusieran para tomar unas fotos. Más tarde nos podríamos olvidar de tomarlas, además muy pronto interferiría la sombra para una buena fotografía. Le dijo a su esposa que usara sus adornos de plata. Jerónimo mandó a Hortensia a buscar su abrigo. Rosamella fue a buscar a la madre de Mariañuke y a Lauriana. Después de que Huenun los había ubicado a todos, de modo que hubiese harta luz del sol, yo tomé las fotografías. Todos estaban particularmente contentos por haberse tomado una foto con la madre de Mariañuke. Le prometí enviarle una copia de cada una a Huenun, y lo hice.

Huenun, su esposa y Jerónimo nos llevaron a ver el resto de la finca. "Estos son castaños", dijo Huenun. "Cuando estaba ayudando al padre Félix José con los Diccionarios, fuimos a Valdivia. Las castañas estaban maduras entonces y traje varias a casa. Las planté y ellas dieron estos árboles que dan sombra. Aquí están nuestros doce pavos. También tenemos treinta pollos y once gansos".

Ya que él parecía particularmente apasionado por los gansos —graznó y les habló— le tomé una foto parado cerca de ellos. Su esposa estaba divertida y le dijo, "¡Así que ahora ya te han tomado una foto con los gansos! Huenun nos llamó la atención sobre los refugios; la paja y el heno eran almacenados en uno alto abierto a corrientes de aire; y en otro más bajo, que estaba construido muy cerca, se protegían las aves de corral en la noche.

Llegamos al pozo y Huenun comentó; "Este pozo tiene seis metros de profundidad; su agua es fría, clara y limpia. Supusimos que esa agua estaba aquí porque en el invierno el agua siempre salía a la superficie. Antiguamente, sacábamos agua de un manantial cercano a la *ruka*, pero este tenía solo un metro de profundidad".

Justo en ese momento, Hortensia trajo un balde y sacó agua. El verla haciendo eso, me hizo pensar que a Mariañuke le podría gustar que le sacara una foto sacando agua. Ella se puso contenta. Le dije que quizás querría sacarse los adornos de plata y así se vería como si estuviese trabajando. Ella respondió de un modo amistoso, "¡Indudablemente! ¡Es evidente que nadie trabajaría con esas cosas puestas!". Luego le pregunté si le importaría posar una vez más para sacarle una foto con el balde justo cuando esté saliendo del pozo —la que ya le había sacado, la mostraba vaciando el balde en un contenedor de madera. Esto no parecía agradarle mucho, pero lo hizo después de mirar a Huenun y decirle algo en mapudungun.

Margaret me dijo, "Probablemente, esto cae en la categoría de repetir algo".

Caminamos despacio y llegamos al huerto. "Estos son cuatro manzanos silvestres; la chicha queda mejor con estas manzanas que con esa otras del huerto. Y estos árboles dan cerezas dulces, esos otros dan cerezas agrias. Rara vez cosechamos cerezas agrias; los pájaros se las comen tan pronto como maduran —parecen disfrutarlas. Las personas vienen acá a comprarnos cerezas dulces. Aquí hay ciruelos y perales. Nuestros dos chanchos disfrutan la fruta que se cae al suelo". Mariañuke añadió: "Las manzanas y las ciruelas las cortamos en mitades y luego las secamos sobre el fuego para consumirlas en el invierno. Antes de comerlas, las lavamos con agua caliente para quitarles el sabor a humo. Pero con la mayor parte de nuestras manzanas, y también con las peras de un árbol, preparamos *chicha*; las peras del otro árbol las comemos o vendemos. Cada año, llenamos tres barriles con *chicha*; juntos hacen trescientos sesenta litros".

Mariañuke se fue a la *ruka* y Francisca la acompañó. Le pregunté a Huenun, "¿Qué estaciones del año tienen aquí en Panguipulli?".

"Hay siete estaciones", él respondió. "El año comienza cuando los días empiezan a ser más largos que las noches. El periodo de tiempo desde ese momento hasta que es el tiempo de sembrar, lo denominamos *wetripantu* —es el tiempo para sembrar trigo cuando el roble chileno [*Nothofagus obliqua*] arroja las hojas que son tan grandes como los granos en una mazorca de maíz (nos muestra una). Plantamos maíz cuando la parra, que la llamamos *paulum* [*Hydrangea integérrima*] tiene brotes. Cuando las cosas que hemos sembrado muestran un crecimiento, decimos '*Wün´ntripantu* está aquí'. Después de eso viene *antütripantu*, verano —algunos lo llaman *antügnen*. Luego viene el tiempo cuando hay abundancia para comer, toda la cosecha está madura y se llama *monmapu* [tierra fértil]. Estamos teniendo *monmapu* ahora. A continuación, viene *chomügnen*, y después de eso, el presagio del invierno, *konmepukem*. Y luego sigue *pukem*, invierno".

Nos mostró su jardín: "No tiene una gran cantidad; solo el repollo ha madurado. Las papas y todas las otras plantas cuyas raíces nos comemos, no se han desarrollado. Como les he contado, a través de la brujería, alguien ha ocasionado un gran daño a mi tierra. Este campo de maíz ha producido, pero no lo suficiente como para que tengamos maíz para consumir en el invierno. Generalmente guardamos una provisión de arvejas, maíz y papas para el invierno".

Le pregunté, "¿almacenan carne para consumir en el invierno?"

"¿Por qué deberíamos hacer eso? Nuestras ovejas y aves están siempre con nosotros. Mi esposa decide qué carne quiere para ese día y nosotros procuramos que la tenga. Entonces, a veces matamos aves y otras veces un animal grande. Por lo general, de un animal grande sobra carne, con la cual ella prepara *charqui* [carne salada secada]. Las personas mayores nos han contado que comíamos carne de guanaco y avestruz antes de que vinieran los españoles; en nuestro territorio había muchos de esos animales".

Caminamos y él nos comentó; "Aquí hay un *ñocha* [*Greigia landbeckii*], un cordel que usaba mi esposa para sacar agua desde el pozo, era uno que yo hice con filamentos de esta *ñocha*. Sus puntas son arrancadas de las raíces y pasadas hacia adelante y hacia atrás con ayuda de fuego para suavizarlas. Las que son suaves, son fácilmente separadas en hebras. El número de hebras que se usen depende del grosor del cordel que uno quiera".

Justo vio un hongo en un árbol. "¡Aquí!, ¡Miren aquí! Este es el tipo de hongo en el que aprendí a escribir Nos dijo muy contento, y lo sacó desde el tronco del árbol. Me sugirió que le tomara una foto. "Usaré esta ramita y posaré como si estuviera escribiendo".

Habíamos regresado a la *ruka*, y estábamos impresionadas con la limpieza de todo y de todos, al igual como lo habíamos observado en cada casa mapuche y con cada persona que habíamos visto en cualquier parte. Sea que visitáramos a una familia en forma inesperada o no, todo estaba siempre limpio. Las rejas, que protegían los campos, huertos y jardines de los animales hambrientos y agresivos, provocaban una sensación de que el orden era lo que prevalecía.

Francisca vino a decirnos que se estaba haciendo tarde. Ella había planeado hacer concordar nuestra comida con la de ellos de modo que pudiésemos comer todos juntos, pero Mariañuke insistió en que su casa no era lo suficientemente grande. Pondría la mesa afuera y deberíamos comer allá mientras ella preparaba una comida para su casa. Por lo tanto, puso una mesa para Margaret, Francisca y para mí bajo uno de los castaños, con una silla o cajón para cada una de nosotras. Margaret llenó con agua del pozo nuestras teteras y las colgó sobre el fuego en la *ruka*; mientras el agua hervía ella jugó con Rosamella. Aquí, en la casa de Huenun, no era necesario vigilar la tetera. Era un deber "sagrado" para Margaret mantener la tetera en su poder en todo momento y ver que el agua para nuestra bebida hirviera en ella y en ninguna otra. Ella misma la llenaba con agua, del pozo o del manantial, y la vigilaba hasta que hervía. A pesar de que confiábamos en todos, nos habían advertido, algunos no-mapuche y los mismos mapuche, que una persona poco amistosa podría poner veneno en nuestra comida o bebida. ¡No corríamos ningún riesgo!

Francisca había desempacado nuestra comida y le ofrecimos una buena porción a Mariañuke para su familia —la habíamos empacado con la intención de compartirla con ellos. Margaret le dio un emparedado adicional a Rosamella. Entonces, Huenun la miró hasta que ella le agradeció el pan a Margaret tanto en castellano como en mapudungun. Después le dijo que se sentara a comérselo y que no molestara hasta que hubiésemos terminado nuestra comida; y ella hizo justamente eso. Huenun nos preguntó si aceptaríamos un poco de queso —su esposa lo había hecho y quería que lo probáramos. Comimos y lo encontramos muy bueno. Francisca interpoló que en la Escuela Misional se aprendía a hacer queso.

Después de que habíamos comido, todos vinieron a despedirse de nosotros. Nuevamente, les expresamos nuestras más sinceras muestras de aprecio por sus cortesías y le agradecimos a Huenun por su ayuda. Yo creía que él era uno de los mejores aborígenes de América de todos los que había conocido. También le agradecimos a Mariañuke, nuestra amable anfitriona. A su madre y hermana, les dimos unos cálidas palmaditas y nos despedimos de Hortensia, Jerónimo y de la pequeña, alegre y adorable Rosamella. Les dejamos nuestros saludos a todos los de la casa que no estaban ahí.

Mientras nos acercábamos a la reja, Huenun sacó una nota del bolsillo de su abrigo, me la entregó y dijo, "Escribí esta nota, pero los sentimientos expresados en ella son los de mi esposa; ella me pidió que la escribiera".

La nota decía: "Estoy muy agradecida de la hermana norteamericana porque vino a visitarme a mi casa y porque tomó una foto de mi sencilla casa y de mi pobre madre que está siempre aquí conmigo".

Le puse un sobre en la mano a Huenun y nos fuimos. El sobre contenía algunos pesos y una nota que decía: "Estos pesos le servirán para comprar fertilizante para todos sus campos. También nosotros queremos que usted tenga otra cosecha abundante de grano. Con todo nuestro corazón, deseamos que Dios lo bendiga".

Nuestros días en Panguipulli habían llegado a su fin. Al amanecer del día siguiente, íbamos en un vapor que transporta madera a orillas del lago Panguipulli camino a Coñaripe. Francisca vino con nosotros —una alegría tanto para ella como para nosotros. Íbamos a navegar a través de los lagos Panguipulli y Calafquén, y luego viajaríamos a la parte alta de los Andes en camión y carreta de bueyes hasta el valle de Coñaripe. Nos gustaría haber llamado una vez más a Huenun, "¡Adiós, Huenun! ¡Adiós!".

Índice

Glosario de términos

Aillarewe: comunidades unidas por un pacto político de defensa mutua y el reconocimiento de sus integrantes a un jefe o gobernador, el ngidol lonko.

Allfida: arvejas.

Anchimallén: seres mitológicos que se presentan como llamas con la forma de niños. Se alimentaría con leche, sangre o miel, siendo su misión la de proteger y obedecer a su dueño haciendo el bien o el mal.

Antütripantu (o antügnen): verano.

Anül: *tinta alemana.*

Challa: olla de arcilla, de base plana o convexa y cuerpo esférico, amplio.

Chamall (chamal): paño de lana rectangular usado por los mapuche como vestimenta principal. Los hombres lo usaban envuelto en la cintura y asegurado con una faja; las mujeres lo utilizan para cubrir todo el cuerpo y lo fijan al hombro derecho con un prendedor.

Chamallwe: cinturón de los hombres que sujeta el chamal.

Chao: padre, dueño (en el texto está como Chau, refiriéndose a Dios).

Charqui: carne que se deshidrata para ser conservada en períodos prolongados.

Chercán: ave. También conocido como chochín criollo.

Chillko: fucsia. La machi utiliza sus hojas para los rituales.

Chiñe: trampa similar a un canasto que sirve para cazar peces.

Chomügnen: otoño.

Choñchoñ: pájaro nocturno.

Chuño: resultado de la deshidratación de la papa.

Chupón: planta silvestre que sirve para la cestería.

Colihue: planta de la familia de las gramíneas, cuyas cañas son rectas, de corteza lisa y muy resistente, y que eran usadas para hacer lanzas y actualmente para fabricar muebles.

Foique: canelo. Es uno de los árboles sagrados en la cultura mapuche.

Fosha: un pez sin escamas, con pocos huesos y una cabeza grande que tenía dos cuernos suaves.

Fülel: solidago, crece en jardines como planta de flores.

Funa poñü: guiso propio de los mapuche que consiste en papas podridas.

Kalku: brujo o bruja practicante de la magia negra.

Klegnklegn: halcón.

Külmai: quilmay.

Kultrun: tambor utilizado por los *machi* para los rituales religiosos y culturales, así como durante la rogativa del *nguillatun*.

Kuñalfillkun: calahuala, especie de helecho.

Huinca (winka): Nombre que los mapuche dan a toda persona que no pertenece a su pueblo, sobre todo si es un enemigo.

Inkafu: asistente en la construcción de la *ruka*.

Kachilla: trigo.

Kafu: supervisor en la construcción de una *ruka*.

Kallfuchiwai: Clima lluvioso.

Kallful wenodagno: Cielos despejados y clima soleado.

Kauke (o remü): pejerrey.

Konchatun: acto de regalar alimentos que genera un vínculo entre donante y beneficiario que supone un compromiso de reciprocidad futura. Se realiza durante el *nguillatun*.

Konmepukem: presagio de la venida del invierno.

Koyagtun: expresión formal de cortesía extendida por los mapuche a su llegada a un hogar o cuando conocen accidentalmente a alguien en la calle.

Küllwi: porotos.

Küpam: prenda de vestir femenina formada por un trozo de tela rectangular que envuelve el cuerpo y se sujeta sobre un hombro.

Lancho: barco de carga, generalmente cargando madera.

Lanko kachu: triguillo, cebadilla.

Lican: piedrecilla blanca o transparente, de cuarzo muy duro. Son utilizadas por la machi en sus curaciones.

Lila: patio cercado utilizado para trillar los granos de trigo.

Lipügn: perca.

Llanka: piedra horadada de color verde azulado y cobrizo, muy apreciada para pagas y adorno.

Llolle: tipo de nasa hecha con colihues y otros vegetales.

Lonko: jefe o cabeza de una comunidad mapuche.

L´uan: constelación.

Lukai: boleadora.

Lupe: plato hondo de greda en que se recibe el grano tostado para limpiarlo de arena.

Lupekonükon: hongo blanco y suave.

Machi: médico que cura los males del cuerpo y del alma; tiene poderes para mediar entre los hombres y los demonios y para invocar a las fuerzas de la naturaleza; solía habitar en cavernas y llevar una vida solitaria.

Machitun: Ceremonia de diagnóstico y sanación de un enfermo guiado por el *machi*. Se lleva acabo generalmente al anochecer, para que el mal se vaya junto con el sol.

Makuñ: poncho, manta.

Mañke: cóndor.

Mapudungun: idioma del pueblo mapuche.

Mapuche: gente de esta tierra.

Maqui: arbusto chileno, de la familia de las liliáceas, de unos tres metros de altura, con hojas aovadas y lanceoladas, flores axilares en racimo, y fruto redondo, de unos cinco milímetros de diámetro, dulce y un poco astringente, que se emplea en confituras y helados. Los indios preparan también con él una especie de chicha.

Mara: Liebre patagónica.

Mauche challwa: colgador de peces.

Mawida poñü, o ñangki: raíz parecida a la papa.

Miyaiya: planta con propiedades psicoactivas.

Monmapu: estación de tierra fértil.

Muday: bebida fermentada hecha con maíz, trigo o cebada.

Müko: trampa para cazar peces.

Ñamku: águila.

Ngenpin: autoridad mapuche responsable y asesor de la filosofía, espiritualidad, ciencia y sabiduría ancestral mapuche, y quien proyecta y protege dichos conocimientos.

Nguillatun: ceremonia religiosa y tradicional del pueblo mapuche, en la que elevan sus pedidos al Dios Ngünechen, benefactor de su pueblo. La fiesta o "rogativa" (en la que ruegan por la prosperidad, por las lluvias y las buenas pasturas) se realiza anualmente, al final del verano y dura tres días.

Ngünechen: Dios creador.

Nünemapun: Dios creador del mundo y de las personas.

Ñocha: hierba bromeliácea, cuyas hojas sirven para hacer sogas, canastos, sombreros, esteras y aventadores.

Nülewe: arpón para peces.
Paico: planta de tallo asurcado y muy ramo, se levanta hasta un metro de altura. Sus hojas son lanceoladas, algo dentadas y de color verde oscuro.
Pangui: puma (Huenun la usa para referirse al león).
Paulum: parra.
Paupauweñ: esparto. Planta de tallo recto y hojas radicales, largas y duras. Se utiliza en los rituales del machitún.
Pehuén: araucaria.
Peliolo (o peloilla): peladilla (pez).
Pellín: árboles que tienen el centro duro.
Pifulka: silbato de sonido muy agudo.
Pillañ: tipo de espíritu poderoso e importante presente en la religión mapuche, los cuales son considerados como la representación de los antepasados de su pueblo.
Pinaka: cicuta.
Piuke: corazón.
Ponon: pulmón.
Pukem: invierno.
Pünon: rastro o pisada de avestruz.
Quila: planta gramínea de hojas perennes, parecida al bambú pero más resistente, que se utiliza para hacer cercos y construcciones domésticas livianas, y cuya semilla se usa en la preparación de guisos o sopas; sus hojas tiernas son una buena pastura para el ganado.
Rayen: flor.
Ruka: vivienda de los aborígenes pampeanos y patagónicos.
Traiki: cántaros antiguos que se encuentran en los cementerios y que fueron trabajo probablemente de los españoles.
Tralawopi: variedad del maíz con granos azules y blancos.
Tralkan: espíritu del trueno.
Tregntregn: serpiente mitológica que vive en la tierra.
Tripako: avalancha, inundación.
Trolof: canoa fueneraria.
Trutruka: instrumento musical que consiste en una vara de quila o bambú ahuecada y de unos cuatro metros de largo que al soplar emite una voz potente, penetrante.
Ügnüm (üñüm): pájaro.
Upesh: puye.
Utrul poñü: montón de papas

Wachi: trampa para cazar aves o pequeños mamíferos hecha de un trozo de cuerda o alambre con un nudo corredizo y unido a un palo enterrado. Los animales quedan atrapados de una de sus extremidades y el nudo se cierra más cuando se esfuerzan por huir.

Wala: pájaro acuático.

Walika: saco pequeño suspendido de su cuello por un tirante. Se utiliza para cazar peces.

Welke: huévil, laguecillo.

Wenümapu ñuke: mujer que está junto a Chau.

Wetripantu: corresponde al comienzo de los días cada vez más largos hasta el solsticio de verano y el renacer eventual de la naturaleza tras el invierno al que se entra.

Wishugn: alfarería que está enterrada.

Wulla: desquite recibido por un hombre que deja embarazada a una niña y después no cumple su promesa. Consiste en un espíritu del mal que se apodera de él.

Wün´ntripantu: cuando las cosas sembradas muestran crecimiento.

Wünyelfe: lucero de la mañana.

Yépún: lucero de la tarde.

Yiulliñ: especie de avispa.

www.ingramcontent.com/pod-product-compliance
Lightning Source LLC
LaVergne TN
LVHW010422230826
846092LV00003BA/999
* 9 7 8 9 5 6 1 4 2 7 5 4 9 *